ちくま学芸文庫

現代文の学び方

高田瑞穂

筑摩書房

目次

この本はどういう目的で書かれたか 012

第一部 現代文を読みこなすための前提

一 現代文とは何か …… 016

二 現代文の背景としての近代精神についての常識 …… 018

(一) ヨーロッパ近代の略図 019

(二) 近代精神の基本的性格 020

(三) 日本における近代 022

三 入試現代文の範囲と性格(その一) …… 027

四　入試現代文の範囲と性格（その二）……035
（一）　問題文の筆者と出典　037
（二）　問題文の性格　038
（三）　出題者のねらい　042

第二部　現代文を読みこなすための三つの方法

一　筆者の立場を正しく把握することによって解決に導く方法……048
（1）　例題一（田中耕太郎「進歩の論理と倫理」）　048
（2）　類題一（三谷隆正「信仰の論理」）　056
（3）　類題二（出典未詳）　058
（4）　類題三（谷川徹三「知識人の立場」）　060
（5）　例題二（天野貞祐「生きゆく道」）　060
（6）　類題一（天野貞祐「生きゆく道」）　066

(7) 類題二（天野貞祐「生きゆく道」） 070
(8) 例題三（三木清「哲学ノート」） 072
(9) 類題一（三木清「哲学ノート」） 076
(10) 類題二（木村健康「若き人々とともに」） 078
(11) 類題三（中村光夫「小説入門」） 079
(12) 例題四（伊藤整「小説の方法」） 080
(13) 類題一（西尾実「言葉とその文化」） 088
(14) 例題五（高村光太郎「美について」） 089
(15) 類題一（工藤好美「文学論」） 096
(16) 類題二（出典未詳） 098
(17) 類題三（寺田寅彦「科学者と芸術家」） 100
(18) 例題六（稲富栄次郎「人間と言葉」） 103
(19) 類題一（安倍能成「青年と教養」） 111

二　出題者の立場を正しく洞察することによって解決に導く方法……………113

(20)　例題一（清水幾太郎「現代文明論」）　114
(21)　類題一（森鷗外「寒山拾得」）　120
(22)　例題二（桑原武夫「第二芸術論」）　122
(23)　類題一（小林秀雄「無常という事」）　130
(24)　類題二（笠信太郎「物の見方について」）　131
(25)　類題三（田中耕太郎「進歩の論理と倫理」）　134
(26)　例題三（国木田独歩「忘れ得ぬ人々」）　135
(27)　類題一（夏目漱石「硝子戸の中」）　143
(28)　例題四（志賀直哉「城の崎にて」）　146
(29)　類題一（空穂・赤彦・信綱・利玄・白秋・千樫・牧水・子規「短歌」）　152
(30)　例題五（和辻哲郎「面とペルソナ」）　154
(31)　類題一（西田幾多郎「「続思索と体験」以後」）　157

三　受験者の立場を正しく反省することによって解決に導く方法……159
(32)　例題一（藤村作「国文学史総説」）　160
(33)　類題一（室生犀星「めぐみを受ける（詩）」）　162
(34)　類題二（出典未詳）　164

第三部　三つの方法の活用による入試現代文の実際的処理

(35)　例題一（岡崎義恵「文芸学概論」）　169
(36)　類題一（湯川秀樹「目に見えないもの」）　173
(37)　類題二（三木清「文学史方法論」）　175
(38)　類題三（阿部次郎「読書の意義と其の利弊」）　178
(39)　例題二（天野貞祐「教養ということ」）　180
(40)　類題一（加茂儀一「科学的精神」）　184
(41)　例題三（桑原武夫「文学入門」）　186

(42) 類題一 (木村健康「若き人々とともに」) 189
(43) 類題二 (長谷川如是閑「日本の文化的性格と万葉集」) 191
(44) 例題四 (三木清「文学史方法論」) 193
(45) 類題一 (出典未詳) 197
(46) 類題二 (河合栄治郎「学生に与う」) 200
(47) 例題五 (中島敦「李陵」) 204
(48) 類題一 (芥川龍之介「枯野抄」) 209
(49) 類題二 (野上弥生子「真知子」) 213
(50) 例題六 (川端康成「雪国」) 216
(51) 類題一 (谷崎潤一郎「蘆刈」・志賀直哉「山形」) 220
(52) 例題七 (三好達治「朝晴 (詩)」) 222
(53) 類題一 (伊東静雄「なれとわれ (詩)」) 225
(54) 類題二 (良平・利玄・千樫「短歌」) 227

附録（1）　入試現代文の筆者・出典一覧　229
附録（2）　現代文に対する興味と理解力とを増すために特に読むべき十冊の書　238
附録（3）　現代文読解のために特に重要な五十の用語　242
問題解答　253
あとがき　261
解説（安藤宏）　262

本書は、一九五五年四月に至文堂より刊行された。

現代文の学び方

この本はどういう目的で書かれたか

この本は、大学入試問題程度の現代文を確実に読みこなす力を読者に与えることを直接の目的として書かれた。

現代文は解りにくい、現代文はどう勉強していいのか見当がつかない――こういう声は、ひとり受験生からだけではなく、現に教壇に立って生徒の指導に当たっている国語の専門家の間からさえも聞えてきている。それでは本当に現代文はそんなに難解なものなのであろうか。

今、入試問題をレベルとして現代文を考える場合、それはけっして受験生諸君にとって絶望的にまで難解であるわけはないということがまず第一に考えられていい。深い専門的知識を持たぬ限り手のつけられないような論述や、豊かな生活体験を持って始めて理解されるような作品が、入試問題にえらばれるということは、もともとあり得べからざることである。そこで、入試現代文は、それに対する準備如何によって、必ず理解し得る程度のものであるということを、最初にしっかりと心に入れてほしい。この確信こそ、勉学の根底である。

第二に、現代文は、何等かの意味において現代の必要に答えた表現であるということを思わねばならない。したがって、現代文に対するものが、現代の必要――言いかえると、現代において何が問題であるかについて、どの程度の意識を持っているかということが、見のがすことのできない注目点となってくる。現代文が解らないという嘆きは多くの場合、読者の現代意識が極めて稀薄であるか、または全然欠除していることの告白にほかならない。現代の問題意識が全く欠除している場合には、日常見ているものも見えず、聞いていることも聞えないのである。それはちょうど、人間の身体というわれわれに最も近いものさえ、それを絵に描こうとするとうまく描けない事情に似ている。画家が、人間のあらゆる姿態を苦もなく描き出すことができるのは何故か。それは、常に描くという意識を持って人間を見ているからである。

第三に、何等かの意味において現代の必要に答えた、あらゆる種類の現代文が、平等無差別に入試問題にえらばれるということはけっしてないという事実に注目する必要がある。入試問題というものにはおのずから一定の性格が見られるのである。それは、受験生諸君が高校卒業生であるということからくる。高校教育が、ある限定された枠の中における教育である以上、高校教育の枠が同時に大学入試問題をも本質的に限定する規範であるべきは自明のことである。したがって、受験生諸君は、あらゆる現代文に通ずる必要はない。あらゆるイデオロギー、あらゆる人生観を知悉する必要はない。そこにかなり明瞭な限界が引かれ得ることに気づいて、その上で現代文に対することは、時間に制約され、理解すべき対象の過大に悩む受験生にとって、けっして無意味なことではないであろう。

以上の諸点に立脚して現代文を考えるとき、この本の採るべき方法は自然に決定されてくる。その第一は、入試現代文の範囲と性格をはっきり見定めることから始まり、第二にその結果選び出されてくる入試現代文の典型について、それが何を問題とし、その問題をどういう方向に解決しようとしているかという観点から徹底的に分析し理解する。典型的問題一題に関する問題意識にもとづく徹底的理解は、十題百題の問題を解決し得る根源の力となることを信じて疑わない。この意味における思い切った重点的態度において、この本は著しい特色を持つであろう。

自ら考えること、自己の判断力の練磨を通して大学入試に勝とうとするものだけが、この本ののぞましい読者である。そういう諸君にしてはじめて、この本の持つ大きな振幅にふれ、高度の能律性に気づくにちがいない。自己の内面を深く耕すこととは別に、入試合格の便法があると考えるものは、この本に就くべきではない。

第一部　現代文を読みこなすための前提

一　現代文とは何か

現代文とは何か――この問題に関して次にのべる二つの事実をよく心に入れることから、現代文理解への歩を進めることとしよう。

第一は、現代文とは、何等かの意味において現代の必要に答えた表現であるという事実である。

したがって、序において少しく触れておいた通り、現代文の性格は、それが現代のどんな問題に関して、どういうかかわり方を示しているかによって決定される。そして、こういう観点から看取されたものは、その文章における基本的性格と考えていい。何故なら、表現とは本来公的なもの、したがって社会的な存在であるからである。現代文の右のような規定にもとづく理解のしかたは、第二部「現代文を読みこなすための三つの方法」において、くわしく、具体的にのべることとする。

第二は、現代文とは、明治・大正・昭和八十余年の間に書かれた文章を指すという事実である。その意味で、現代とは、日本においては近代と同義である。したがって現代文とは、近代の文章であるといっていいわけである。

現代と近代——この二つのことばが同義に用いられているというところに、われわれは日本の近代の歴史的特殊性をはっきり見なければならないのである。この点に関する認識は、現代文理解の一つの不可欠の前提であると思う。何故なら、日本の近代の歴史的特殊性こそ、近代の文化一切を性格づける一番基本的な事実だからである。

次章——第一部第二章の「現代文の背景としての近代精神についての常識」において、この点をさらにくわしく説くこととする。

二　現代文の背景としての近代精神についての常識

現代ということばが近代と同じ意味に使われているということは、日本の特殊な歴史的事情によるというところから、この章の記述を進めよう。

ヨーロッパの歴史における近代は、御承知の通り十四世紀イタリアに口火を切ったルネサンスの運動に始まる。それに対して現代と呼ばれるのは、十九世紀の末、ヨーロッパ諸国に産業革命が進展し、既に確立した資本主義社会が次第に帝国主義と呼ばれる段階に入り、そこに激しい植民地争奪戦が展開されていった時期から現在までの期間である。われわれは近代に固有なさまざまな思想が、どのような歴史的現実の上に発生し展開していったかを知るには、どうしてもヨーロッパ近代の歴史をかえりみる必要がある。これに対して、日本の近代のあわただしさが著しい対照を示して浮かび上がる。十四世紀以降の変革を一世紀足らずの期間に圧縮したのが日本の近代である。そこで、ヨーロッパの歴史について近代のいろいろな思想の自然の姿を知ることと、それらに対比して日本の近代諸思想の特殊な性格を知ること。このいわば表裏をなす二つの事実への一応の理解を持つことが、つまり、現代文を読みこなすための大切な前提となる。いまわれわれの当面の目標は入試現代文の理解にある。その目標に照らして、不可欠だと考えられる範囲において、この問題を取り上げたい。それは略図に終り、常識に止まるであろう。それでいいのである。

(一) ヨーロッパ近代の略図

衆知の通り、ヨーロッパ近代の歴史は、資本主義経済の成立とその発展、言いかえると市民階級の封建的諸勢力に対する反抗と勝利の歴史である。封建社会から資本主義社会への過渡的政治形態としての絶対主義に抗した市民革命の成功と、機械の出現による工業生産の飛躍的発展にうながされた産業革命の成就とを経て決定的なものとなった市民階級の勝利は、十九世紀にいたって彼等の思想自由主義の全面的開花を見せた。二十世紀に入ると、産業革命以来次第に成長した労働者階級が、自己のイデオロギー社会主義をかかげて、市民階級と鋭く対立するにいたり、これにつれて資本主義は帝国主義の段階に達する。

右の如き市民社会の成長につれて、ヨーロッパには独自の近代文化が展開した。それはまずルネサンス、宗教改革によって中世文化と訣別し、啓蒙主義によって絶対主義を克服した。そして市民革命と産業革命を経た十九世紀において、ヨーロッパ市民文化は最盛期に達し、とくに自然科学の発達と、その応用としての文明生活において著しい特色を示した。二十世紀に入ると人類の幸福のための科学が、やがて戦争技術にも利用されて破壊的効果の恐るべき拡大をもたらし、そのために人類の生存自体が一つの不安に直面するにいたった。

これがヨーロッパ近代の見取図である。すでに諸君が世界史によってくわしく学ばれた通りである。この略図の上に立って、現代文の背景としての近代精神の基本的性格を見ておきたい。

(二) 近代精神の基本的性格

近代精神の中核をなすものは、つぎの三つの考え方である。

(1) 人間主義（ヒューマニズム・人文主義・人本主義・人道主義）

ルネサンスの精神であり、近代文化一切の母胎となった考え方である。一般に、人間性を尊重し、これを束縛し抑圧するものからの人間の解放を目指す思想をいう。ルネサンスが中世の精神的束縛から人間を解放する運動であったことは御承知の通りである。その目指すところは、新しい人間の発見と確立にあった。中世における学芸が文字通り教会の召使であったことに抗して、市民階級は自己の利益と興味とに立脚してギリシア・ローマの人間中心の学芸を復活させた。それらの古典のうちには、キリスト教や中世思想にゆがめられない人間性の現実が生き生きと躍動していた。そのような人間性の追求によって、みずから新しい人間として再生すること、ここに近代ヒューマニズムの原理が見られた。この現世的人間主義の主張によって、中世における宗教的権威や彼岸的精神は激しく否定されていった。ヒューマニズムの宗教世界内部における反映が宗教改革であった。

(2) 科学的合理主義（近代的合理主義）

ヒューマニズムの自然的世界への展開である。宇宙が何等かの目的＝価値によって支配されているという中世的な考えを排除して、自然現象一切をつらぬくものは無目的な、没価値的な因果の法則であると考える立場である。そこから、人間は自然の法則を知ることによって、自然を自己の目的のために利用することができるという考え方が生まれた。それは、新しい自然と、新しい自然の価値の発見であった。

(3)　自律的人格の自覚（人格主義）

ヒューマニズムの人間主義に発し、絶対主義体制に対する批判者啓蒙思潮と、その実践であった市民革命とを経て確立された主張である。そこでは人格は道徳の立法者と考えられ、いかなる場合も他の目的の手段となることのない、自己自身を目的とする自律的な自由の主体とされる。人間社会において身分や地位に権威を認めず、すべての人間の自由と平等とを実現しようとする考え方や、社会制度は人間的合理的につくられるべきものであるという考え方は、いずれも右の人格の自律の信念にもとづいたものである。これは、科学的合理主義の社会への適用であった。

近代思想の数々――自由主義・個人主義・功利主義・現実主義・実証主義等々は、以上の三者の、歴史的具体的な発現の諸相をとらえて、それらに与えられたそれぞれの名であると考えて誤りはないであろう。

(三)　日本における近代

明治元年徳川幕府に代わる新しい政権が成立した。そしてそれは下級武士を中心として、商業資本家を組み入れ、藩主や上層武士勢力をも排除することなしに、封建制を再編成したもので、しかも皇室の持つ伝統的権威を封建制解体の防壁として利用したものであった。欧米諸国にくらべて、産業ブルジョアジーや自営農民層の成長が極めて不充分であった日本においては、市民革命によって封建体制を打破することができず、封建支配者の一部が、封建制打倒という本質的な問題を、尊皇か佐幕か、攘夷か開国かという内部的な支配権の争奪にすりかえ、農民や民衆の真の革命勢力をおさえつつ成就したのが明治維新であった。したがって明治維新はブルジョア民主主義革命ではなく、徳川将軍をいただく封建制を、天皇をいただく中央集権国家の形で全国的に再統一再編成して、いわゆる天皇制絶対主義を成立させた改革であった。そして明治新政府は、かつての封建支配者層であった藩閥──とくに薩長藩閥の専制政治を布いた。しかし、すでに十九世紀末においては、絶対主義とはいっても市民革命や産業革命前のヨーロッパのそれと同様であることは不可能であった。ことに、急迫した国際情勢にうながされ、この藩閥政府は早急な近代化を上から育成しなくてはならなかった。政府は明治六年の地租改正による財源をもって、近代的産業の育成に当り、いわゆる官業の大規模な経営によって、資本主義の発展を計画した。それは、封建的な農村構造を土台とした奇妙な資本主義だったのである。やがて官業の大部分は民間に払い下げられたが、それをうけたものは、主として維新当時から政府と密接な相互依存関係にあった少数のいわゆる政商——三井・三菱等であった。したがって、官業払い下げは、近代的産業資本家の発生をうながすかわりに、商業資本を国家権力の保護の下に産業資本に転化させ、そこにいわゆる財閥を育成し、その代償としてこの財閥を国家権力の強化に奉仕させるという結果を生んでいった。この官僚と商業資本家との特権的な依存関係のうちに、あわただしい日本の文明開化の宿命は決定されたといってもいい。

このような天皇制絶対主義、藩閥専制政治に対する反撥は、明治六年前後からいわゆる自由民権運動として擡頭した。近代的民主政治を求める国民の要望は、政府の圧迫に抗して、「民撰議院設立建白書」を生み、ついに政府は、明治十四年十月、二十三年を期して国会を開設することを国民に約束したのであった。元来天皇制絶対主義と深く結んでいた地主・大商人・士族は、政府の意志するままに固有の半封建的性格を保持し続けた。これに対して自小作農・都市下層民などは民主的政治を強く要望して前者と対立し、自由民権運動の波に乗って地主・ブルジョアたちに恐怖を与える存在となり、彼等の反動化をうながした。こうして、自由民権運動は、絶対主義の民主化を目標とする上層の動きと、絶対主義の打倒を目的とする下層の動きと、調和し難い二つの思潮を内につつみつつ展開されたのであったが、上層の反動化と戦線離脱の後は、次第に分散的な動きに止まるにいたり、各所の一揆は次々に政府によって個別に弾圧され、二十年代に入るとともにその失敗を明瞭にしていった。そして、自由民権運動の失敗によって、明治維新における民主主義革命の挫折は決定的となった。「帝国憲法」と「教育勅語」とは、二十年代初頭における右の事情をよく物語っていた。前者は、天皇制絶対主義を法的に確立したものであり、後者は、その土台としての絶対主義道徳の布告に他ならなかった。日本における近代の性格はここに決定された。そこから様々な悲劇ないし喜劇的現象が生じた。例えば、文明開化主義にもとづく西洋文明の移入によって、風俗習慣は旧幕時代のそれを一変するほどの動きがあったにもかかわらず、絶対主義下の前近代的、非合理的な精神構造のもとでは、西洋文明を近代的な自覚をもって受容すべき主体性はついに育たなかった。したがって、西洋文明の移植はもっぱら絶対主義補強のために、富国強兵の目的をもって行われた。それだけではなく、西洋物質文明に対する東洋精神文化の優越を唱え、欧米列強に対する劣等感を朝鮮や中国への侵略によっておおいかくそうとする狂信的愛国主義によって、近代的・国際的な一切の意識の発生は強く歪曲され、ついには抹殺されていったのである。

要するに日本の近代の成立は、その出発の当初から激しい傾斜を余儀なくされ、近代市民社会の根本である基本的人権すら確立を見なかった。西洋文物の輸入により不完全ながら成長してきた知識階級も、政治や社会を逃れて狭い自我のうちにとじこもり、したがって、自我の解放も、人間の政治的社会的解放には発展しなかった。少数の都市知識階級が尖端的な欧米文化で自己を粉飾すればするほど、国民大衆の前近代的文化との断層は拡大してゆかざるを得なかった。

「斯う云う開化の影響を受ける国民はどこかに空虚の感がなければなりません。又どこかに不満と不安の念を懐かなければなりません。夫を恰も此開化が内発的ででもあるかの如き顔をして得意でいる人のあるのは宜しくない。それは余程ハイカラです、宜しくない。虚偽でもある。軽薄でもある。自分はまだ煙草を喫っても碌に味さえ分らない子供の癖に、煙草を喫ってさも旨そうな風をしたら生意気でしょう。夫を敢てしなければ立ち行かない日本人は随分悲酸な国民と云わなければならない」（「現代日本の開化」）

明治も暮れようとする四十四年に、夏目漱石はこういう話をしている。漱石の目が、日本の近代の傾斜にいかに鋭く注がれていたか。漱石の数々の作品は、ほとんど一つ残らず日本の近代のこの悲劇的な運命をそのままに反映していたと言っても言いすぎではない。

大正期に芽生え、昭和初頭に強力に擡頭し、大東亜戦争の波瀾の中に消えていったプロレタリア解放運動のいきさつが、明治期の自由民権運動の消長のさながらのくりかえしであったという事実を附加することによって、日本の近代の歴史の骨組みはほぼ完了する。漱石の右のことばは、今日も決して死んではいないのである。それを証明して余りあるような出来事は、今日なおわれわれの周囲に日ごとに繰り返されているのである。

三　入試現代文の範囲と性格（その一）

昭和三十年度の大学入試を前にして、文部省は「大学短期大学学力検査問題作成の参考資料」というパンフレットを、各学科について作成し全国大学に送附した。その「国語科編」には、次のような序が冒頭にかかげられている。

「大学の入学試験とりわけ、その学力検査問題出題いかんによっては高等学校教育は攪乱されるおそれがあるといっても決して過言ではない。本省に設置されている学力検査問題の研究委員会は昭和二八、二九年の二カ年各大学で実施した学力検査の問題を大学側の立場から、又高等学校側の立場から研究検討し、今後の問題作成の参考に供するようこの資料を作成した。この資料によって今後の問題が改善され適正なる出題がなされるよう希うものである」

さらにその「まえがき」において、「年を追うて問題の選定や出題の方法などにおいて、数多くの大学において、幾多の進歩のあとの見るべきもののあるのは、まことによろこばしいしだいである。ただ、今後いっそうの改善を期するためには、なお次の諸事項につい
て一般の注意を呼びおこしたい」とのべ、次の五項目に関して大学側の考慮をうながして
いる。

(一) 高等学校国語科の一般事情をよく研究すること。
(二) 問題の範囲・種類および形式・内容が以上の目標によく合っていること。
(三) 「国語(甲)」の漢文。
(四) その他。
(五) 漢文問題出題についての一般的参考事項。

右のうち、第一・第二の両項は当面の「入試現代文の範囲と性格」に重要な関連を持っている。

第一項では、高等学校においては中学の国語教育目標の上に、次のような目標が加えられるとして、十八カ条をあげている。

（1）まとまった意見の発表ができる。
（2）いろいろな会の司会ができる。
（3）形式の整った話をすることができる。
（4）劇や映画やラジオの鑑賞や批評ができる。
★（5）論文、論説を読んで理解する。
（6）文語文や漢文がある程度まで読める。
（7）古典の現代的意義がわかる。
★（8）現代文学の鑑賞や批判ができる。
★（9）翻訳された世界文学を楽しむ。
★（10）新聞や雑誌を理解して読むことができ事実と宣伝とを区別することができる。
（11）いろいろの読書技術を身につける。
★（12）当用漢字が完全に読める。当用漢字表中の重要な漢字が正しく書ける。
（13）目的に応じて手紙や実用的な書類が書ける。
（14）創作したり、論文を書いたりすることができる。
★（15）それぞれの場合に応じた文章表現ができる。
（16）文語のきまりのあらましがわかる。

(17) 国語の変遷のあらましがわかる。
(18) 国語生活に対する理想を高め、国語・国字に関心を持つ。

以上のうち★印を附した条項は、入試現代文と直接の関係を持ったもので、注目をはらう必要がある。つまり入試現代文は、これらの諸目標をいかに体得しているかを検査するためのものと考えていいわけである。直接の関連はないが第六条・第十六条などを通じて、受験生に要求される古典の理解が、「ある程度まで読め」「あらましがわかる」ことであって、けっして「無際限に読め」「くわしくわかる」ことではないことが知られるであろう。読者の理解を越え、諸君の学習範囲を逸脱して、入試問題は作らるべきでないことは、ここに明瞭に指示されているのである。安心していいのである。そういう古典理解の程度に比較して、現代文に関する要求がやや高度であるのは、もとより当然と言わなくてはならない。第五条の「論文、論説を読んで理解する」という場合は「ある程度まで」という限定は附されていないし、第八条「現代文学の鑑賞や批判ができる」という場合は、単に「読める」とか「わかる」のでなく、その上に立って「鑑賞や批判」のできることが求められている。

第二項は、第一項の諸目標に合致するように問題の範囲・種類および形式・内容を考慮すべきことを指示したもので、入試国語問題の基本的性格について述べたものと考えていい。その十カ条から成る全文の要旨を左に引用しておくから、再読三読を期待する。

(1) 問題は原則として「国語(甲)」(必修九単位)の範囲・程度を越えないことが望ましい。(中略)例えば漢字の読みについては、当用漢字音訓表の範囲で考えられるが、書くことにおいては、「当用漢字中の重要な漢字が正しく書ける」(前項第十二参照)ことが試問範囲となってくる。ところが「イワユル」という漢字を書取に出したり、また読み書きの問題のうち、当用漢字以外のものが大部分を占めるという例も出ている。また、明治時代の文学作品の名前で、とくに難訓のものだけを数例あげて、その読み方を書かせるようなのも、高等学校卒業の学力を試みるには無理であろう。また万葉集の歌を原文のまま出して、その全部に訓をつけさせるというのもあったが、やはり程度を越えたものと言うべきであろう。

(2) 客観的テスト論文体テストは、それぞれ得失をもっているので、一方に偏しないように全体としての組み合せをよく考慮したい。

(3) 文学史や文法を単なる知識として要求しないようにしたい。機械的な暗記によってできるようなものでなく、もっと身についたものをためすようにしたい。なお、内外の文学者や文学作品を比較検討する問題などにおいては、程度・範囲を越えないよう留意したい。

(4) 問題の資料は、古典や文語文にかたよらず、適当に口語文の問題も加えるようにしたい。

(5) 問題は、あまりに専門的な文学研究に偏することなく、高等学校卒業者にふさわしいような国語の広い学力をいろいろの方面から検査するようにしたい。

(6) すべて問題は、文体その他よく整斉したもので、まじめな青年男女が真剣になって読むにたえるものであってほしい。

(7) 高等学校卒業者としては理解しがたいような特殊な知識または経験を必要とするような内容を避けたい。

(8) 問題は、その種類・形式・難易などによって配列・時間配当などを適切にし、とくに配点に注意し、平衡を逸しないようにしたい。できれば各問題に配点を明記したいものである。

(9) 問題は個々のことだけでなく、全体としての考慮が肝要であるが、それについては次のような諸点がある。

(イ) 国語のいろいろの力を検査するようにくふうされていること。

（ロ）問題の程度に変化があり、難易の配合が適切であること。たとえば、五問題のうち現代文が二問・古文が二問、必修漢文が一問といったぐあいである。
（ハ）出題の形式は、客観的テストと論文体テストとの組合せにくふうすること。
（10）問題の印刷にあたっては、用紙・活字の大きさ・配列などに留意し（下略）

文部省から大学側への指示は大要以上の如きものである。それはあまりにも当然な指示であるといえば言える。しかし、現実においては、恐らく三十年度も、これらの諸要請はけっして文字通りには守られないであろう。年ごとにこの当然の線に近づくことはあっても、その当然の線が完全には保持され得ないであろうという推定は、いろいろの理由から可能である。理由の第一は大学側の高校教育に関する無智である。入試問題作成の瞬間だけ、高校用教科書の頁を繰るくらいでは、高校教育の理念も現実もとうてい把握することは出来ないであろう。理由の第二は、いわゆる一流大学への受験生のすさまじい集中から生ずる時間的・技術的必要である。受験生のレベルに適応した、したがってある程度は誰にも理解できるような問題を出していたのでは、とうてい何万という答案を短時日に処理し切ることが不可能であるという実例も、けっして少なくないからである。その他にも種々の理由が考えられるが、たとえば右の如き現実は、文部省の一片の指令によって一朝にしてこれが消え去るということはもとより期待すべくもない。そこでわれわれは、観点を大学側に移して、入試現代文の実際に即して、その範囲と性格を考えてみなければならない。

四　入試現代文の範囲と性格（その二）

大学入試における現代文出題の現状はどのようであるか。この問題は恐らく諸君にとって最も切実な関心の対象であろう。入試という現実を控えた諸君として、それは当然すぎるほど当然なことである。けれども、ここに述べることがらが、いわゆる「入試の傾向とその対策」式のものとして、狭い枠の中で功利的に読まれるということは筆者の念願するところではない。われわれはここで、入試現代文の実態を見るのみならず、そこから演繹されてくる、諸君の「現代文学習の範囲と性格」を明らかにしたいと思うのである。

最近五カ年間——昭和二十五年度から二十九年度まで——の問題を見わたして、まず気づくのは、戦後の四年間に比べて問題文が長くなってきたこと、出題様式の複合化されたこと等である。試みに出題された例文の数をみると、二十九年度までの五年間の数が二十一～二十四年度よりも一〇〇題余り少ない。その半面、問題文の長さは平均して七〇〇字前後になっている。かなり高度の読解能力や鑑賞批判力が要求されていることがこの一事からも明らかであるとともに、また普段から機会を利用して種々の書物に読み慣れておくことの必要が痛感される。出題のされ方も、従来のように一文について解釈なら解釈だけという方式は減少し、要旨・論旨把握、文章完成、内容吟味、その他文法力、文字力、文学史的知識など各種の様式が一つの問題文に関して問われる場合が大多数を占める。とくに文法力、文字力などの基礎学力の検査を内容吟味の問題とかみ合わせているという点、文学史についても個別的な知識ではなく、本当に「身についたもの」を要求している点等は諸君が充分注意してよいことである。このことは、前項で見たように、今後一層出題者の側でも考慮を払うことになろう。現代文の学習としてはとかく軽く見られがちな面であるだけに、諸君の再考三考を促しておく。

以上にのべた出題傾向はこれからの入試現代文の基本的なあり方を暗示するものと考えていいであろう。さらに細かい点について、次の三つの観点から検討してみよう。

(一)「問題文の筆者と出典」

(二)「問題文の性格」

(三)「出題者のねらい」

（一）問題文の筆者と出典

二十五年～二十九年にわたる東大、早大以下五十校（国立三九、公立六、私立五、ただし何れも短期大学は含まない）の問題について調査した結果が、巻末につけた「筆者・出典一覧」である。この表に見る筆者・出典の範囲なり性格なりは、高校の国語教育の目標に全く合致しているかどうかにはなお問題が残るにせよ、これが現状において諸君に要求されている国語の「教養」の水準と見てもよいであろう。そこから次の如き断定が可能となる。すなわち思想家としては天野貞祐、阿部次郎、和辻哲郎、三木清、作家では志賀直哉、島崎藤村、森鷗外、夏目漱石などの文章が正確に理解され、深く味わえるのでなければ、まず現代文を学習したとは言い得ない。文学史の知識にしても巻末の表に掲げられた程度のものは一応読んでおくことが必要であろう。作者・作品名の棒暗記でなく、もっと内容に立ち入った理解が求められるのである。思想方面で出題頻度の多い人達は何れも日本の近代思想の形成に大きな役割を果した人々であり、その著作に親しんで穏健中正な人間中心主義＝ヒューマニズムをしっかりと身につけることが諸君にとって大きな意味を持つ。文芸作品については最近の著しい傾向として、小説からの出題の増加したことが指摘できる。

五年間の統計でも小説・戯曲と随筆・随想・日記・紀行との割合は大体五対三となっている。「現代文学の鑑賞や批判ができる」ことは入試現代文の学習においても大きな比重を占めつつあると云えよう。また、例えば和辻哲郎の「風土」「埋もれた日本」、桑原武夫の「文学入門」あるいは中島敦の作品のように、近年出版界の話題にのぼったり、新聞雑誌などで教養書として推薦されたものがすぐに入試にとり上げられる例も少なくない。古典的名著のみならず、新刊書にもたえず関心を向け、適当に選択して熟読することが望ましい。そのような意味から本書では「現代文に対する興味と理解力とを増すために特に読むべき十冊の書」のリストをのせた。これらを十分活用して諸君の人間形成に役立てつつ、現代文読解の力を育ててほしいと思う。

(二) 問題文の性格

次に問題として採り上げられた文章の性格を考えてみたい。内容から見て現代文は極めて多方面にわたっているが、その表現様式の面からは、

(イ) 知的・論理的表現

（ロ）　印象的・心理的表現
（ハ）　詩的・象徴的表現

に大別される。

周知のように、文章表現は古くから散文と韻文の二つのジャンルに分けられている。韻文は詩、短歌、俳句のように人間の心象を、言葉の意味だけでなく、その響き、形など視覚的・聴覚的要素の種々の組み合わせによって表わしたもので、多く比喩や象徴の形をとる。（ハ）の詩的・象徴的表現がこれに当る。散文はこれに対し精神活動の説明的な記述であって、専ら言葉のもつ意味が大きな役割を果す。（イ）知的・論理的表現とは人間の知的、分析的な営みの所産であって、論文・論説・評論などがこれに含まれる。（ロ）印象的・心理的表現とは韻文を除いた文芸作品、すなわち小説・戯曲・随筆などであって、主観的な心情の動きや感覚的印象を表現したものを云う。ただ、評論や随筆のうちには右の類別の（イ）・（ロ）の両方の性格をあわせ持つものがある（外国文学のエッセイがこれに相当する）が、本書では個々の文章を検討し、設問のされ方も考慮して（イ）・（ロ）何れかのなかに分類した。既出の入試問題をこの三種に大別してみると、次の表の如くである。

次の表によって明らかなことは、各年度を通じて何れも論理的な文章が大半を占め、五

年度	論理的表現	心理的表現	詩的表現	計
25年	66（84%）	6（8%）	7（8%）	79
26年	73（69%）	26（25%）	6（6%）	105
27年	50（70%）	15（21%）	6（9%）	71
28年	58（77%）	13（17%）	4（6%）	75
29年	57（80%）	8（11%）	6（9%）	71
計	304（76%）	68（17%）	29（7%）	401

年間を平均すると、全体の四分の三という割合になる。いかに入試において論理的な読解の力が重視されているかがわかる。しかし前言の如くこのうちには主観性の濃い評論文も含まれるから、（ロ）の文章とあわせて鑑賞能力の程度もかなり問題にされるものと見なければならない。次の「出題者のねらい」のところでそれらについて詳細に検討する。

その前に出題回数の一番多い（イ）の場合についてその内容をさらにくわしく探ってみよう。

知的・論理的な表現はその内容から大別すると次の三となる。

（a）文学・芸術に関するもの。

（b） 学問に関するもの。

（c） 社会生活に関するもの。

この中（a）が最も出題される回数が多く、文学や芸術のジャンルの本質を論じたもの、個々の作家や作品を論じたもの、文学史の系譜を論じたもの、などがある。とくに「文学とは何か」を主題にした文章の出題される比重が大きい。その意味で、例えば中村光夫の「小説入門」、加藤周一の「文学とは何か」等に類した入門書は現代文学習者の必読の書と云えよう。なおこれらの書は同時に近代の文学思潮をも取り扱っているから、設問にも当然それに関する知識を問うものが出てきている。また、文学史の問題では近代以前のものを内容とした現代文がかなり出題されているから注意してほしい。芸術論がとり上げられるのは（b）の学問論と関連して、近代思想の上で科学的な認識と芸術的認識の対立が大きな意味をもつことによるものと考えられる。（c）の社会生活に関する問題を内容とする文章には、人間の生き方を論じたものと文化・社会の性格を論じたものがある。この種の文章の正しい理解には、第二項で述べた「近代精神の基本的性格」の把握が重要な役割を果すのである。

（三）　出題者のねらい

最後に観点を設問に移して、出題者は一体諸君のいかなる能力を試みようとしているのかを考えてみることにする。個々の設問を検討してみると、出題者の評価基準はおおよそ次の如くである。

（イ）論理の適確な把握がどの程度できているか。
（ロ）文の鑑賞がどの程度できているか。
（ハ）適切な批評の力をどの程度持っているか。
（ニ）文学史や文学思潮に関する常識をどの程度身につけているか。
（ホ）基礎学力（文法、文字の読み書き）がどの程度できているか。

設問の形式としては、全体を通じて論文体の記述を求めるものよりは、客観的テストの形をとるものが多い。論文体の記述を求める設問はほとんど「何字以内で述べよ」という形で、主に大意要旨の把握、批評力をみる問題に見られるが、その数は僅かであって、幾つかの所定の短文から適当なものを選ばせる選択方式が多くなっている。その他、文章の形で答えさせるものには、「傍線の部分を解釈せよ」「傍線の語句を説明せよ」という設問がある。客観的テストとして最も目立つのは、いわゆる文章完成型の問題の多いことで、これには充塡式（所与の語句群から適当なものを選択して、あるいは前後の関係から推定して文中の空所を補うもの）、整序式（ばらばらになった文の順序を正して筋のとおった文章にするもの）、訂正式（文中の論理的な誤りを訂正するもの）等がある。なお、問題文の段落を区切らせる、各段落ごとにその要旨を表わす文に傍線をひかせる、標題を所定のものからえらぶ、という形式のあることをも附け加えておく。次に前述の項目のうちの（イ）、（ロ）、（ハ）について、その内容を具体的に調べてみよう。

（イ）　論理把握力をみる問題は、筆者の論旨の運び方を文章の論理構造の分析を通してとらえさせるとか、文の各部分の意味的な関係を確実にとらえさせるとかいう場合と、問題文の正しい解釈、論旨の展開の確かな分析の上に立って、大意をまとめさせ、ないしは筆者の立場をとらえさせる場合に分けられる。この種の問題に答える場合には、筆者が何を言おうとしているのか、何を問題としているのか（＝主題）それについて筆者はどのように論を進めているか（＝論旨）、筆者が最も強調している点は何か（＝要旨）、を十分に考えてみなければならぬ。まず問題文を通読して主題をとらえ、さらに全文を段落に区切って各項の要点を理解して全体の大意をまとめ、各部分の論理的な関係を考察する。主題に照らし合わせて筆者の言いたいことを見出す。また筆者は主題に対してどのような立場に立って論を進めているのかをもよく考えてみる。あることがらについての見方でも肯定否定の何れの側から論述が行われているかをつかむことが必要である。

（ロ）の鑑賞力の問題は主に「印象的・心理的な表現」「詩的・象徴的表現」に関するものであるが、論理的な文章においても、語句の説明が求められる場合は、単に字義の解釈でなく、筆者の真意に触れた解答が要求されるのであって、当然そこには味わい方の深さが評価されるであろう。この種の設問は、問題文の表現内容、すなわち筆者の心境や作中人物の性格、心理状態、描写された情景などをとらえさせるものと、表現それ自体、すなわち描写のしかた、表現の特性、美しさ、効果を味わわせるものとに大別される。その他象徴・比喩の内容がきかれる場合もある。鑑賞には主観的な要素が濃いから、解答に種々の差が出てくるというのは一見尤もに思える。しかし真の鑑賞は正しい解釈なしにはあり得ないのであって、作者や作中人物の思想なり感情なりを誤りなくとらえることが、この項に含まれる問題の解決にも極めて重要である。とくに、論理的な文章と違って、比喩的な表現が多いから、その意味で一層の困難さを伴うと考えていい。逆にまた、文章が平明だからといって安心してはいけない。

（八）の批判力の問題は筆者あるいは作中人物の思想、心理を批評させるもので、出題回数は少ない。このような設問に出逢った場合注意しなければならないのは、批評する側の立場をよく反省してみることである。また、批評の対象をよく見きわめ、正しい理解の上に立って批評することを忘れてはならぬ。理解において薄弱で、批判において多弁であることは最も危険である。

第二部　現代文を読みこなすための三つの方法

一　筆者の立場を正しく把握することによって解決に導く方法

現代文とは、何等かの意味において現代の必要に応えた表現である——われわれはここから出発したのであった。したがって、それが現代のどんな問題に関して、どういうかかわり方を示しているかということは、およそ現代の文章の基本的性格といっていいのである。その現代文の基本的性格を正しく把握することが、現代文理解の王道であることはもはや言うまでもないであろう。文は人なりといわれる。文章の如上の基本的性格とは、つまりその文章の筆者の立場のことなのである。

(1)　例題一

真の進歩は、啓蒙期の人間が考えたように、伝統を無視し、現実からかけはなれた人間の合理的思惟からは生じない。我々は伝統や現実に盲目的に追従するものではなく、自由意志にもとづく一定の価値判断から、それらのものに対して取捨選択を行わない。人間は一方、その中に生活するところの、伝統や現実からして条件づけられるが、しかし他方これらのものを規定するのである。人間は客体であると同時に主体である。伝統主義は単に「保守」「反動」として片づけてしまうべくあまりにも深い意味をもっていない。何千年来の人類の叡智の宝庫を利用して、一個人がすべて独力で思索し行動して得々としている位愚かなことはないのである。チェスタートンは、伝統主義は現在生きている人間の意志のみならず、過去に属する数限りない人々の意志をも尊重するものだから、一層デモクラチックだという意味のことを述べている。民主主義の名において過去の現在に対してもつ意義を否定することは、真にデモクラチックでもあるのである。古典を尊重することの意義はここにも存する。それは幾百年間に生まれかつ死んだ数限りない人々の批判にたえて我々の手に伝えられたところの、人類の文化遺産に外ならない。祖先の大きな遺産を継承した我々は、その遺産を堪えがたい重荷と感ずる。しかしながら我々はその重荷を背負って勇ましく前進しなければならない。それを守って後世に伝えることは我々の義務であるとともに、それから必要な栄養を摂取し、新しいものを創造して、この遺産に何ほどかを附加することは我々の光栄でなければならない。

設問（イ）右の文には意味の通じない所が四箇所ある。意味が通るように、一箇所三字以内で改め、その右側に書け。

（ロ）主として右の文の中のことばを使って次の問に簡単に答えよ。

（一）「その遺産を堪えがたい重荷と感ずる」のは何故か。

（二）「それから必要な栄養を摂取し、新しいものを創造して、この遺産に何ほどかを附加する」ことはなぜできるのか。

（田中耕太郎「進歩の論理と倫理」25　東大）

問題文は雑誌「心」昭和二五年二月号に掲載された田中耕太郎の評論「進歩の論理と倫理」の一節で、伝統尊重の意義と人間の文化遺産に対する態度について述べた部分である。一般に保守的とか進歩的とかいうことばがよく用いられる。現存の秩序や過去からの伝統を尊重し、それを維持していこうとする態度に対して、それらを否定して新しいものを築こうとする傾向が進歩的だと理解されている。しかし、保守とか伝統尊重を古いものへの執着とし、進歩性を一切の伝統無視だと単純に区別して済ましていていいものであろうか。実際の歴史的発展の路を厳しく見つめたとき、何かそれでは割り切れぬ問題が残るように思われる。発展とは個々の文化なり思想なりが全く無関係に現われたり消えたりすることではない。もしいたずらに過去にのみとらわれ、それを繰り返そうとするなら、そこには何の新たな展開も見られないであろう。また過去を全く顧みず、それを排斥するのみならば、その考えは現実性を持たぬ空想に陥らざるを得ないであろう。現在は過去の延長の上にあり、現実の正しい認識から真の未来の方向が産み出されるのである。そこで、我々は改めて、伝統尊重とか進歩性というものの実態を考察する必要に迫られる。

筆者は最初に進歩と伝統との関係を考察する。性急な伝統の否定と抽象的な合理性は真の意味の進歩を産むものではないとして、文化の発展における伝統の意義を暗示している。そこに早くも筆者の立場が立ち現われる。ここに云われる「啓蒙期の人間」とは、十八世紀末のヨーロッパに生きていた人間という意味で、その時代ヨーロッパでは啓蒙思潮が社会に支配的であった。それは中世の教権主義に反抗して、人間の自由意志を尊重し、とくに理性による合理的な思惟を重視する傾向である。中世はキリスト教が人間の一切の精神生活を支配し、その教義は絶対の権威として、人がその非合理性に疑いを起すことを絶対に許さなかった。しかしルネッサンスを経、自然科学の発達に促がされて、人間は徹底した合理主義的精神を培った。この思潮はやがて、個人の自覚と自由平等の思想を強く発達させ、中世の封建制を打破し、王侯貴族の特権を廃して近代の民主主義を確立させるに至るのである。このように啓蒙思潮は一方で中世的な伝統、とくに教会主義、専制主義を全面的に否定すると共に、他方理性万能を強く主張するという性格をもった。十八世紀後半にフランスで「百科全書」の編纂に従ったいわゆる百科全書派（Encyclopédiste）と呼ばれる一群の思想家、その中でもヴォルテール、モンテーニュなどが、この思潮の代表者と言われている。しかし、この思想傾向は一面あまりに己れの主張を性急に徹底させようとしたため、現実から遊離した純理論に走り、次第にその力を失い、やがて古典主義、浪漫主義にその席を譲るのである。

さて、冒頭で進歩と伝統との関係を述べた筆者は、つぎにそのような観方を支える自己の人間観にふれる。真の進歩は伝統と現実を重視するところから生まれると云っても、それに「盲目的に追従」するというのではない。ここで問題文の表現に注意しよう。「追従するものではなく」につづく文は「自由意志にもとづく一定の価値判断から、それらのものに対して取捨選択を行わない」となっている。しかし伝統や現実を無批判に受け入れてしまうのでは、それらに盲目的に追従することになり、筆者の論旨と矛盾する。我々が自らの意志によって残されたもの、現実にあるものの価値を見きわめ、とるべきもののみをその中から選び出してこそ、人間が「これらのものを規定する」と云い得るのである。筆者は人間を内外の両面から理解する。人間は外的な環境によって精神の形成に大きな影響を受けると同時に、他の何物にもかえることのできぬ主体性——人格をもち、能動的に外に働きかける存在なのである。筆者のこのような人間理解が、問題文のテーマに対する筆者の観点を決定する重要な因子となっていることを見のがしてはならない。そのことは文化遺産に対する我々の態度を論じた最後の部分を見れば一層明らかであろう。

冒頭で筆者はいたずらに伝統を無視するものでないと自らの立場を暗示し、一定の価値判断に基づいて伝統・現実の取捨選択を行うべきことを述べた。したがって真の意味の伝統主義は筆者の立場からは保守反動と一概に片づけてしまうことの出来ぬものを持つと考えられる。問題文に「あまりにも深い意味をもっていない」とあるが、それでは論旨がとおらない。それにつづく文もおかしい。一個人がすべてを独力で解決しようとする態度は伝統主義の反対であり、したがって過去の人々が残してくれた知識を利用しない態度であろう。だから「利用しないで」とあるべきところである。

たしかに過去の遺産を、古いからといって一切利用せずにすててしまうのは愚かなことであるに違いない。それは古いものであるが故に無闇に崇拝するのと同様の皮相な見解にすぎないであろう。ここで筆者は伝統主義の意義をチェスタートンの見解を引用して説明する。チェスタートン（G. K. Chesterton：一八七四—一九三六）はカトリックの立場に立つイギリスの作家、批評家である。伝統主義は民主的だという説は一見奇異な感じがするかも知れない。それは歴史的に考えた場合には無理もないことである。民主主義は中世の封建主義の否定の上に生まれた思想的態度で、通例保守主義に対立するものとされている。しかしその性格に人間の平等の主張をもっており、この点をチェスタートンは強調して、現存の人間社会に適用されるものは、過去の人々に対しても向けられるべきだとするのである。筆者もその考え方をふまえて民主主義の行きすぎを警告している。だから問題文の「真にデモクラチックでもある」は誤りで、「……ではない」と訂正されなくてはならない。伝統主義は過去の人々の意志を尊重する態度に他ならない。そしてその意志は具体的には古典として現在に残されているのである。「歴史の試練を経て生き残ってきたもの」それが古典だと三木清も言っている。歴史の試練とは筆者の言うように、各時代の数限りない人々の評価をうけてきたことを意味する。過去の時代に創造されたものの数は多い。しかしその中の大部分は時と共に忘れられてしまう。そして真に豊かな価値を持つもののみが時代を超えて生き残ることができるのだ。しかもそこには創始者を始め、多くの人々の後世に伝えようとする意志が働いている。

そのことを筆者は古典を前にして痛感するために「我々は、その遺産を堪えがたい重荷と感ずる」と書くのである。しかもつづいて「それを守って後世に伝えることは我々の義務である」と述べている筆者の思想にも注意しなければならない。古典のうちにこめられた祖先の考えや意志を尊重すると同時に、その価値を正しくみとめて後世の人々に伝える義務、それが我々に課せられている。けれども伝えられたものを何等活用せず、後生大事に守って次へ渡すだけでは、正しい古典の尊重ではない。筆者がすでに述べた人間理解の立場から見て、古典は現代にもっと積極的な関係をもつはずである。それをとらえるのは、他ならぬ我々自身の主体性なのである。

以上の解説によって明瞭となった筆者の立場を要約すると次の如くである。

（1）人間は客体であると同時に主体である。

（2）伝統・文化遺産・古典を正しく尊重するもののみが、真の創造者たり得る。

このような人間観が、まぎれもなく近代のそれであることは、もう言うまでもないであろう。このような人間観をその根底において支えているものは、「人間は考える葦である」と言ったパスカルの場合と等しく、人間精神＝人間主体に人間の存在理由を見る立場である。言いかえると人間における意志の自由＝人格の自律性の確信こそ、この文の筆者を根底において支えているものなのである。

もう一つこの文章に関して注目しなくてはならない点はそこに一種の弁証法的論理が見られる点である。弁証法に関しては、巻末の「五十の用語」中に簡単にふれてあるが、要するに形式論理をこえた論理であることは疑いない。この文について言えば、人間は「客体であると同時に主体」であり、「伝統や現実からして条件づけられるが、しかし他方これらのものを規定する」と述べられている。形式論理の立場からは、こういう言い方は明らかに矛盾である。「客体は客体、主体は主体」――これが形式論理である。それに対して「客体にして主体・主体にして客体」というのが弁証法である。同様に「条件づけられるものが同時に規定するもの」という考え方、言いかえると、「作られつつ作る」という立場も弁証法的である。伝統と創造の関連のしかたを言う場合も、筆者は、「伝統尊重による創造」を説く。ここにもまた、「作られつつ作る」という考え方がはっきり見られる。

一般に、現代の思考は弁証法的である点に大きな特色を持っている。西田哲学の有名なテーゼに「一即多・多即一」というのがあるが、形式論理はもはや複雑な現代の思考の基底としては決して充分なものとは言えないのである。こういう点についても一応の理解の是非必要である以所である。

この問題に見られる人間観・文化観・伝統観・創造観等は、入試現代文に最も普遍的なものであることを考え、再読三読して徹底的に理解しておくことを希望する。この文の筆者の立場は、つまり入試現代文の立場だと断定してもいいのである。

(2) 類題一

次の文章には、真の独創という事をどのように説いていますか。百字以内で答えなさい。

げに学ぶことは決して独創力をそこなわない。真個の独創力は、学ぶことによって、いよいよその力を発揮こそすれ、決してそのためにおおわれてしまうような弱いものではない。他に学べるがために、おおわれて消えてしまうような独創力は、はじめから大した独創力ではなかったのである。

もし特異性が特異性のみの故に貴いのならば、即ちやむ。しからずして、独創の貴きゆえんは、特異なる状態にあらずして、自由なる一己のはつらつたる発展にあるならば、貧しき特異性を守るよりは、より多く一己の内容を豊富にすることを計るべきである。即ち大いに学んで、大いに一己を肥やすべきである。いわゆる独創を失わんことを恐れ、自己の小さき異色を守りて、学ぶことを怠るものよ、なんじの恐怖は笑うべきである。むしろなんじの全力を投じて、他に学ぶべし。しかる後はじめて、なんじはなんじの独創を全うするであろう。そういう独創のみが貴い。

（三谷隆正「信仰の論理」24　東京女大）

三谷隆正「信仰の論理」の一節。現代文の読解力と表現力とを併せみようとする問題。「学ぶこと」と「独創力」との関連のさせ方に注目し、それが、例題における「伝統」と

「創造」とをめぐる考え方と全く同様である点を理解してほしい。

(3) 類題二

人間の文化的活動が自由であることを最も適切明快に示すものは道徳であるが、学問にしても宗教にしても芸術にしても、技術にしても、いやしくもそれが文化的活動である以上、人間の自由から発し自由に拠らない活動はなく、また自由に基づかぬ所産はない。自由とは他からの力によってでなければ動きも止まりも進みも退きもせぬという物体の性格、すなわち惰性もしくは慣性の反対観念であり、道徳的自由を最も大胆に力説したフィヒテが、道徳の反対すなわち不道徳を怠惰すなわち惰性にあると見たのも、この考えかたに相応したものといえよう。人間が自己の力、すなわち自己の意識もしくは意志によって行動したりしなかったりする、あるいはしたりしなかったり得る、ということを否定したならば、責任ある行動すなわち道徳的行為は成立し得ない。このことはカントが特にあきらかにした点であって、道徳はまさに自由と起伏を共にするものというべきである。人間の文化現象中道徳ほど自由の存在を根拠とすることの明瞭なものはない。しかしそれと同時に道徳くらい人間の自由の制限、したがって人間の不完全を自覚させるものはない。それは人間が自由であると共に慣性的な、精神的であると共に自然的あるいは物質的―物体的な存在だからである。

右の文の筆者は右の文の後で次のようにいっている。

私は（イ）人間をはかないともみにくいとも下劣だとも思うが、人間に（ロ）永久的なもの、美しいもの、貴いものを見出さずには居られない。人間に望みを失いかけることも多いが、やはりそれでは生きてゆかれない。（ハ）人間の進歩は遅々たるものであるが、やはり進歩がないとは思わない。

傍線を施した（イ）（ロ）（ハ）の部分を、筆者の考えに即して、具体的に、簡潔に説明せよ。

（27　小樽商大）

出典未詳。現代文の理解力をみる問題である。「人間が自由であると共に慣性的な、精神的であると共に自然的あるいは物質的―物体的な存在だからである」という人間観にしっかり目を注ぎたまえ。「客体であると同時に主体」という例題と完全に同一な人間観がそこに在る。

(4) 類題三

次の文の論旨を簡単に解りやすく説明なさい。

伝統の根をもたぬものは遊離した存在である。しかし伝統を越えぬものは真に新しい存在とはならない。新しい存在によって伝統が受けつがれない時伝統は腐朽する。新しい存在が新しい伝統をつくる。伝統を真に伝統たらしめるものは、伝統を越えた新しい存在である。

(谷川徹三「知識人の立場」23 東音校)

谷川徹三の「知識人の立場」の一節である。例題における「創造を真に創造たらしむるものは伝統の尊重である」という論旨の裏返しがここに見られるであろう。「伝統を真に伝統たらしめるものは、伝統を越えた新しい存在である」。

(5) 例題二

左の文を読んで、後の問に答えなさい。

生はたしかに悩みである。悩むのは決して罹災者だけではない、貧困者だけではない。精神生活を持つ限り、すべての人が悩んでいる。外面的窮乏を免れても、内面的苦悩は免れえない。帝王も貴族も平民も富者も貧者もそれぞれに悩みを持っている。

悩みを持つことは生きていることの表徴だとも言える。もとより何に悩むか、またどれだけ悩みに堪えうるかは、その人がいかなる人間であるかによる。人は自分がどういう人間であるかを知るわけにはゆかぬ。それは自分の顔が自分にわからぬのと一様である。人の顔は鏡にうつされる。人間性は苦悩にうつされる。何に苦しみ何に悩むか、したがってまた何を好み何を愛し何を喜ぶかに、その人間が表現される。自分がいかなる人間であるかを知ろうと思えば、何を自分が好むかを見ればわかる、とニーチェが言っている。悩みについても同じことが言えると思う。

問一　右の文章を二段に分け、その切れ目に「　」(かっこ) をつけなさい。

問二　各段の主意を最もよくあらわしていると思われる文 (それぞれ一つに限る) の右に傍線をつけなさい。

問三　「悩みを持つことは生きていることの表徴だ」というのはなぜか、その理由を簡潔に述べなさい。

問四　「苦悩にうつされる」人間性が、喜びによっても表現されるのはなぜか、その理由を簡潔に述べなさい。

(天野貞祐「生きゆく道」29　東女大)

天野貞祐の戦後の評論集「生きゆく道」に収められた「生は悩み」の一部分で、筆者は人生における苦悩の問題をとりあげている。出題の一にもあるように、筆者はこの問題文で二つのことがらを論ずることによって「生は悩みである」という自身の立場を説明している。

何故「生は悩み」なのか。また生きることと苦しむことはどんな関係をもっているのか。我々はまず、ここで言われる「生」が筆者によっていかにとらえられているかを考えてみる必要がある。生とか人生とかが問題にされるとき、ふつうそれは内外の両面から考察される。人間の社会的な地位や生活の経済的な条件などを外面の問題とするなら、他方生は心の問題としてもとらえられる。筆者は「悩むのは罹災者だけではない、貧困者だけではない」といい、「外面的窮乏は免かれても内面的苦悩は免れえない」とも述べている。そこから考えて、筆者のいう苦悩は、罹災者や貧困者が感ずる衣食住の乏しさから来る物質上の不自由さのみを指すのではない。むしろ心の苦悩がここでは語られている。したがって人間の内面のあり方が生として意識され、そこで自己をつきつめていくと、必ず何か苦しみにぶつかるということを筆者は問題にするのである。ところで人間は誰しも精神の世界を持っている。だからその境遇のいかんにかかわらず、真剣に自己をみつめ、人間として徹底して生きようとすれば、すべての人が内面的苦悩を感ずるのである。物質上の乏しさは金銭によって解決できよう。社会的地位の問題は出世すれば解消しよう。しかし心の苦悩はそれではいやされない。「生は悩みである」とはそれ故「精神生活を持つ限り、すべての人が悩んでいる」ことに他ならない。そのような筆者の立場からすれば、もし人がこの内面の生に目を向けず、そこで苦しむことなく、ひたすら世間的な名誉や利害にのみ心を奪われ、地位や利益を得て満足と幸福を感ずるならば、彼は本当の意味で「生きていない」のである。これを裏返して表現したのが「悩みを持つことは生きていることの表徴だ」という言葉であろう。

しかし、苦悩が人間に共通する事実だとしても、誰もが同一のことに苦しむとは限らない。その内容や程度は人によって違っている。筆者は「その人がいかなる人間であるか」によってそれが決められると言う。「いかなる人間か」ということはいままで考えたように、その人の外に表われた状態——富者か貧者か、ないし貴族か平民かというような——を指すのではもちろんない。それは彼の「人間性」の問題である。

「人間性」は全人類に通ずる普遍性をもつと同時に、個々の人間において独自の性質を表わす。だから、誰でも人間であるという意味で人は内面の苦悩を共通に味わうのだが、個性の相違に伴って、「何に悩むか、どれだけ悩みに堪えうるか」が違ってくるのである。個人の「人間性」は単に外から見ただけでは解らない。けれども、それが何かにふれて動いた結果を見ることはできよう。ちょうど人の顔が鏡に映されたときに見うるのと同じく、「人間性」も何かによって表現されて、はじめて他人に理解される。いかなる問題で人が悩んでいるか、それを我々は観察できる。そしてその問題は彼の特有の「人間性」がとらえたものに他ならないとすれば、我々は観察の結果から逆に彼の「人間性」を知ることができるわけである。悩みを持つことが真に生きることを表わすとすれば、個人の「人間性は苦悩にうつされるの」である。ここに我々は筆者の第二の論点を見出す。

人間の苦悩は当然歓喜を予想する。苦悩が深く真剣なものであれば、それだけその後に来る喜びも偉大である。「苦悩を通して歓喜へ」（Durch Leiden Freude）というベートーヴェンの生涯の希いは、彼の苦悩に満ちた人生を想い起すときはじめて我々の胸に痛切な響きを伝えてくる。第九交響曲に表現された力強い「歓喜への頌歌」は音楽家として最大の不幸である聴覚の喪失の苦悩に打ち勝った彼によって創造された。このように人が自分を苦しめる問題を克服し、新たな事態の下に自己を自由に伸ばし得たとき、限りない喜びに浸ることができる。したがって「何に苦しみ、何に悩むか」ということは「何を好み何を愛し何を喜ぶか」に通ずる。そこでも人々の「人間性」をうかがうことができるのである。愛情の豊かな人は、自己が他人に誤解されたとき、激しい苦痛を覚えるであろう。しかし誤解がとけて互いに理解し得たとき、いいしれぬ喜びを感じるであろう。また正義感の強い人なら、弱者が強者から不当に圧迫されるのを見て鋭い苦しみを持つだろう。そしてそのようなことのない社会を好むだろう。

以上の解説のなかで、問三及び問四に答えておいた。問一に関しては、問題文のうちの「表徴だとも言える」までが第一段、以下終りまでを第二段と考えるのが適当である。前段は苦悩の普遍性を論じた部分として「精神生活を持つ限り、すべての人が悩んでいる」という文がその主意をあらわしていると考えられる。後段では、人間性の如何によって苦悩の内容が違ってくるから、苦悩は各人の性格の表現であるということに言及しており、この部分の中心は、「人間性は苦悩にうつされる」という文にあると見てよい。

この問題を解決する手続きをいままで考察してみたのだが、最後に一つとくに注意すべきことを述べよう。それは筆者の問題文における立場に立って考えることと、受験生自身の意見を主張することとをはっきり区別しなければならぬ、ということである。たとえばこの問題文で、筆者は生の苦悩を、外面的な生活の困窮よりも、精神の問題としてとらえている。この筆者の立場に対して当然諸君のうちには異論を持つ人もあることと思う。しかしここで諸君に課せられたことは、筆者の考えを批判することではないのである。自己の主張はそれとしておいて、どこまでも筆者の立場に立って文章を見ていかなければ問題の正しい解決は得られない。そこに受験生としての立場を正しく反省することの必要が生じてくると思う。そのような例が他にも見られるので、本書の第二部第三節に改めて個々の場合について詳説することにしよう。

天野貞祐は、その文章がしばしば入試現代文としてえらばれる筆者の一人である。氏の内面的人間観や理想主義的倫理が、入試現代文に好都合なものである結果であることを銘記してほしい。

(6) 類題一

左の文を読んであとの問に答えなさい。

自由の問題は旧くしてつねに新しい。古来これほど論議された問題も少いだろう。しかし自由の何たるかは誰でも知っているともいえる。そうして自由ほど望ましいものの稀れなこともあまねくひとの体験しているところであろう。あらゆる関係においてひとは自由でありたいと希う。如何なる関係においても奴隷的存在を好むものはないであろう。「子、川のほとりに在りて曰く、逝くものは斯くの如きか昼夜をおかず」という場合の聖人の心境にはA……。自由への希求はそのとどこおりなくさまたげなき自在の境地に成り立つ。だから私達の体験によれば自由とはそういう無滞無礙の境涯なのである。一言にして蔽えば自由とは束縛のないことである。

しからば私達を束縛するものは何か。私達は先ずその束縛が外にあると考えるB

……。

人間はしかしその束縛を外に有つだけでなく内にも有つ存在者である。否、内においてこそ却って真の束縛を有つとも考えられる。C……。

ひとはしばしばこの内面的解放を忘れてひとえに自由を外に求め、あらゆる慣習規則等において不自由を見出す。かかる規定を外に見ている限りそれはあくまで束縛である。けれどもそれをそれ自身のものとしてそのうちに自己を没する場合にはそれは束縛という性格を失う。換言すれば規定を自己のものとし、言わば規定そのものとなれば束縛性は解消してしまう。私達はこの体験を愛や友情において持つことができる。D例えば親が病気したとする。それは外面より見れば私達の生活秩序に対して明かに束縛である。しかし私達が親の病気を心痛しその看護に熱中すれば束縛とも何とも感じない。この場合束縛を束縛でなくするものは自己を捨てて親の境位に没入すること、言わば自己を超越して親の身に成ることである。自己を捨ててそのものに成ることはすなわち愛である。愛が人を自由にする。愛はこの意味において自由の基盤だといわれねばならぬ。

問一　文中Aの点線の部分において、作者は「　」内の文の意味を説明しています。前後の文章を考慮に入れ、「　」内はどういう意味のことをいっているか。左に記しなさい。

問二　文中BとCの点線の部分において、作者は例をあげて説明しています。各部分の論旨に適合する例を一つずつ考えて、左に記しなさい。

問三　文中Dの傍線の部分で作者は例を一つあげております。この部分についてあなた自身の考える例を左に記しなさい。

問四　この文の作者の論旨の展開の方法を百字以内にまとめて左に記しなさい。

（天野貞祐「生きゆく道」27　津田塾大）

例題二と同じく天野貞祐の「生きゆく道」中の「自由について」の一節である。この問題は読者の現代文の理解を見るというよりは、むしろその判断力ないし見識を知ろうとする問題であり、そういうものとしては周到に配慮されたものの一つである。

問題は「自由について」である。全文を通じて自由に関する二つの見解をしっかり把握することが問題解決の急所である。それは、「自由とは束縛のないこと」という自由観と、「その（束縛の）うちに自己を没する場合にはそれは束縛という性格を失う」という自由観とである。

第一の自由観はしばしば「……からの自由」と呼ばれる。それは、束縛が外にあると考え、その外にある束縛から脱出しようとする立場である。脱出の要求が方向を一転して束縛自体の破壊に向かう場合をもふくめてさしつかえはない。われわれは、歴史における様々な出来事、ことに近代史の中において、こういう立場に立った様々の運動を見ることができる。ルネサンス運動も、宗教改革も、市民革命もすべては、「束縛からの自由」の要求に立脚していたと考えていい。そう考えると、この自由観は、近代社会を歴史の上に実現する一つの原動力となったと言うことができるわけで、その意味で誠に重要な近代思想の一つであると考えなければならない。

これに対して第二の自由観は、「人間はしかしその束縛を外に有つだけでなく内にも有つ存在者である。否、内においてこそ却って真の束縛を有つとも考えられる」という立場であり、しばしば「……への自由」と呼ばれる。例えば、遠い道を走らされることは何人にとっても苦痛であり束縛であるわけであるが、マラソンの選手がマラソン競走に自ら参加し、記録を目指して走る場合は、それは苦痛でも束縛でもなく、むしろ一つの自由の具現であるというが如き立場である。ルネサンスは普通文芸復興と呼ばれるが、それはもともと再生を意味する語であることは言うまでもなかろう。つまりルネサンス期の人々は、現存する外的束縛から脱出を、一方に古代の自由なる学芸の復興において求めるとともに、それがまた自己の内面の生のよみがえりであることを同時に経験したのであった。前者を外在的・客体的自由観と名づければ、後者は、内在的・主体的自由観と呼ぶべきである。そしてこの両者は相まって人間のあらゆる進歩の母胎を成したのであった。したがって、この両者が離ればなれとなり、均衡を失うと、そこに危険な事態が生ずるわけである。人間の一切の不幸を外的束縛に帰するものは、ついに無人島にでも行くほかはないであろうし、逆に一切の束縛を主体的なものの作用によって解消し得ると考えるものは、ついには霧を吸って生きることを認めなければならないであろう。二つの自由観の二つながら不可欠の理由がここにある。現実において、第一の自由観の程度をこえた高まりに対して第二の自由観はその矯正者として立ち現われ、逆に、第二の自由観の横行に対しては、第一の自由観はその修正者として立ち現われる必要があるのである。

それなら筆者はどちらの立場に立っているか。筆者は明らかに第二の立場内在的自由観に立っている。いいかえると、アメリカニズムに強く影響された現在の日本人の自由観のあまりにも外在的・客体的であることに、恐らく筆者はある危険を感じているのであろう。

この点が把握出来れば、この問題はおのずから解決出来るはずである。

(7)　類題二

歴史は決して単なる弱肉強食の過程ではなくして、道理の実現されてゆく場面である。歴史の進歩は自由の進歩である。人間解放の過程である。歴史においては道理はつねに終局の勝利者であり、不道理はつねに敗滅者とならざるを得ない。道徳的に堕落して、しかも繁栄した国家がかつて歴史の上に存在したであろうか。それは断じてなかった。道理に反しては如何なる権力も権威も永続し能わぬことは歴史の明証するところだと思う。そうしてこの真理性こそはわれわれが無慚な敗戦として血涙をもって体験したもの、いな現に体験しつつあるところのものではないか。不道理は勝てない、無理は通らないというのが歴史の真理性なのである。

右の文を読んで、左の要旨の中、最も適当と思われるものに○印をつけよ。

（一）道理は終局の勝利者であり、不道理は常に敗滅者となる歴史的真理性を述べている。
（二）歴史とは、人間解放による自由の進歩発展の場面であることを述べている。
（三）歴史に顕現する興亡勝敗の因由を倫理的側面から述べている。
（四）歴史は道理の実現されゆく過程であるという歴史の真理性を述べている。

（天野貞祐「生きゆく道」24　宮崎大）

同じく天野貞祐の「生きゆく道」の一節である。設問は（一）をとるか（四）をとるかにかなりの困難さというよりあいまいさがあり、必ずしもいい問題とは言えないが、ここに見られる筆者の歴史観に注目してほしい。歴史は「道理の実現されてゆく場面である」という立場は、唯心史観の典型的なものといっていい。人間の理性が自然運行に一定の法則を与えると考えたカント、世界万物は絶対精神の自己展開であると考えたヘーゲル――これらに代表される観念論哲学は、右の天野氏の一文に明瞭にその影を落している。天野氏は日本における有数のカント学者であるという事実も考え併せたい。入試現代文において、歴史を論じた文章が採られる場合、唯物史観が喜ばれないという事実は、入試現代文の性格に関する大きな示唆を与えるものと思う。

(8) 例題三

次の文中に、その論旨からいって、一字だけ訂正を要する箇所が四つある。それを見出だして訂正せよ。

ヒューマニズムの倫理思想の中心をなすのは、いうまでもなくヒューマニティの思想である。ヒューマニティというのは、人間性あるいは人間の自然である。だからヒューマニズムは人間の自然を抑圧するもの、歪曲するものに対して、人間性の擁護を主張し、人間性の解放を要求する思想である。人間の自然を抑圧乃至歪曲するものと考えられるのは、一般的にいうと、人間を超えたものである。そしてまず宗教、特に超越的なもの、此岸的なものを強調する宗教が、かようなものと見られるであろう。これに対してヒューマニズムは、彼岸的な、あるいは内在的な立場に立つであろう。この内在的な立場というものが、従来のヒューマニズムの一般的な特徴である。この特徴は、神というようなものを考える場合に於いても、ヒューマニズムの特徴として保存せられている。すなわち、その場合にも、神は超越的なものとしてでなく、外在的なものとして理解せられるのである。神は人間の外にあるものと見られ、人間性と神性とは連続的、融合的に考えられるのである。

（三木清「哲学ノート」27　東大）

問題文は三木清の「哲学ノート」に収められた論文「ヒューマニズムの倫理思想」の一部分である。筆者は近代思想の中核をなすヒューマニズムに深い情熱と確信とを持ち、現代の諸問題の解決に努力を続けた哲学者である。

ヒューマニズムは非常に幅の広い概念であって、いろいろに解釈されるのであるが、問題文を通読すると、筆者はその中心的な性格をどのようにとらえているかが理解されるであろう。それはヒューマニティすなわち人間性の擁護と解放とを主張する思想である。では何に対して擁護し、何からの解放を目指すのであろうか。言いかえればヒューマニズムに対立する立場はどのようなものであるのか。この二つの対立を読みとることによって、問題文の中心思想は正しく把握されるであろう。

まず我々は人間性とは何かについて考えてみる必要がある。それは人間を人間たらしめているもの、つまり人間を他の動物から区別する人間に固有の性情であると考えることができよう。この人間らしい性質や心持は、人間の内面に存するものであるから、人間性の問題は、人間に内在するものに関する問題だと云える。このように人間の内面の自由な発展を強調するものとして、筆者はヒューマニズムを規定して「内在的な立場に立つ」と述べているのである。われわれはまたしてもここに「内在的立場」に出会う。そのことはまた外の世界に対しても、人間の理性や感情や意志を中心にして問題を観察し解決しようとする態度につながっている。

それに反して、ヒューマニズムに対立する考え方は、人間の自由な判断や行動をみとめず、それを抑えて他の権威に服従させようとする。そして人間の本性をゆがめてしまう。その権威とは、神とよばれるにせよ、君主とよばれるにせよ、何れも各個人の外に存在している。それは人間の意志で動かすことのできぬものであり、人間の理解を超えた存在である。封建時代において人間は君主の命令には否応なく従わねばならなかった。教会においては、神の教えは絶対であって個人は自己の内心にいかなる不合理を感じようとも、それを口に出すことは許されなかった。それらの存在は「人間を超えたもの」なのである。筆者は問題文において、その典型として「宗教、特に超越的なものを強調する宗教」をあげている。だから宗教における神は人間以上の、人間界を超えたところに存在すると考えられている。ここで問題文に注意しよう。「此岸的なものを強調する」とあるが、此岸的とはこちら側にあるという意味であって、その場合のこちら側はもちろん人間界を指す。したがって問題文のこの個所は人間的なものを強調するという意味になり、論旨に矛盾する。「此岸的なものを強調する」のは宗教ではなくて、ヒューマニズムなのだ。宗教は神を「彼岸的なもの」として、人間との間に容易に超え難い断絶を設定するのである。

しかし、一般に神の属性として善を欲し、悪を憎むということが云われているが、そのような性格は果して人間の内心に存在しないだろうか。我々は自己を反省するとき、己が恣意をひきとめる良心の働きを見出すに違いない。人間の性情はたしかに外の権威によって歪められてはならない。けれども、外からの圧迫から解放され、人間性の自由を獲得した人間は、同時に自己の行動に対する責任をも自覚しなければならぬ。自己の行き過ぎを是正する心の働きが、悪に走るのを戒める意識が人には必ず具わっているのである。ヒューマニズムの立場に立つ人々のうちには、この良心の存在を神と呼ぶ人もある。その場合、神は宗教で云う超越神ではなく、人間の内にある神なのである。

筆者は問題文の最後の部分でヒューマニズムにおける神の問題をとり上げる。したがってこの部分を注意して読めば、その立場からみて訂正を要する箇所が二つあることを容易に見出すことが出来るであろう。ヒューマニズムにおいて、神は「内在的なものとして理解せられる」のであり、したがって「人間の内にあるもの」と見られるのが当然なのである。

ヒューマニズムが近代精神の母胎である以上、ヒューマニズムに関連して多くの出題がなされているのも当然であろう。第一部第二章をもう一度読みかえしてほしい。そして、ヒューマニズムに関するこの三木清の理解の仕方は、それ自身ヒューマニスチックであると言っていい。それはある「内在的な立場」である。そしてこういう立場が、入試現代文に一番顕著な特質なのである。

(9) 類題一

ヒューマニズムというのは人間性と人間理想とに関わる一定の思想である。それは人間の尊厳を考え、人間の品位を重んずる。しかしこれだけでは歴史的意味におけるヒューマニズムを規定することはできぬ。ヒューマニズムがヒューマニズムとして現われるのは、一定の歴史的情況に於いてである。蓋し（イ）人間の作ったものが人間に対立し、やがて人間を束縛し抑圧するに至るということは、歴史の根本法則である。人間の作るものはもと人間の発展のために作られるのであるが、それがやがて人間にとって桎梏《シッコク》（足かせ手かせ）に転化するに至る。この時人間の解放が要求されるのであって、（ロ）ヒューマニズムはそのような時代における人間の態度である。ルネッサンスのヒューマニズムは封建的なものからの人間の解放であった。現代のヒューマニズムは（ハ）現代が社会の一つの転形期であるという事情に相応するであろう。

（イ）「人間の作ったものが人間に対立する」実例を一つあげよ。

（ロ）「ヒューマニズムはそのような時代における人間の態度である」とは、左に記した三つの場合のどれにあたるか、適当なものを□で包め。

解放を要求すること。

真面目なこと。

逃避すること。

（ハ）「現代が社会の一つの転形期である」とはどんな意味か。

（三木清「哲学ノート」24　岡山大）

例題と同じく三木清の、「哲学ノート」の一節である。ここに、「人間の作ったものが人間に対立し、やがて人間を束縛し抑圧するに至るということは、歴史の根本法則である」ということばが見られるが、このことばにはよくよく目をとめてほしい。設問の（イ）及び（ハ）は、諸君の現代意識を自ら知る恰好な機会を提供している。この程度のものが困難である間は、読者の現代文に関する力は未だ弱いと言わなくてはならない。

⑽ 類題二

次の文章について、左記の問に答えよ。

現在我々が直面している根本問題は、自己自身に関する不安の除去である。一切の不合理と圧制とに対して抵抗をなさず、易々としてこれに屈伏して来た過去の自己の否定であり、この否定的苦悶を通じての新しき人間性の誕生である。現代の根本問題がここにある点を思うならば、我々は来るべき日本の新生について、過去の日本を動かして来た古き世代に多くの期待をかけ得ないのは、まことに已むを得ないところであろう。新しき人間性の創造にいたっては、ただ心の柔軟性に富む若き世代のみよくなし得るところであるからである。

（イ）右の文章の文題として最も適切だと思うものを次の中から選んで、○印をつけよ。

現代の根本問題　古き世代の清算　否定的苦悶
人間性の誕生　若き世代への期待

（ロ）「古き世代に多くの期待をかけ得ない」のは何ゆえか。

（木村健康「若き人々とともに」23　早大）

木村健康の「若き人々とともに」の一節である。ヒューマニズムということばは出てこないけれど、「新しき人間性の創造」を、現在における根本的問題と考えていることにおいて、筆者のヒューマニズムは明瞭に表現されている。

(11)　類題三

次の文を読んで左の問に答えなさい。

現代では社会現象の複雑化にともなうひとつの副作用として、海面を水母《くらげ》が漂うように、（イ）根をきりはなされた言葉が新聞やラジオの上を漂い、同時に僕等の精神の表現も（ロ）それによって埋められてしまっているので、これらの死んだ言葉の堆積から精神を救いだす作業が、現代の文学者の仕事の第一歩と云ってもあえて過言ではありません。（ハ）それは言葉が元来ものとのあいだにもっていたつながりの根を再び得ていわば蘇ることと同じです。だから言葉を駆使する術を覚えるだけでなく、言葉によってあざむかれぬ原始の心情を生き生きと保つことが大切なのです。

問一　右の文の要旨を左の中から選んで○でかこみなさい。
1　文学者は現代の言葉を古語にかえせ。
2　文学者はまず言葉を駆使することからはじめよ。
3　文学者はすべからく原始の心情から脱出せよ。
4　文学者は言葉に欺かれぬ強い精神の持主たれ。
5　文学者は新聞やラジオに細心の注意を向けよ。
6　文学者は複雑な社会現象の副作用たる言葉を守れ。

問二　傍線（イ）を説明しなさい。
問三　傍線（ロ）は何をさしているか。
問四　傍線（ハ）は何をさしているか。

（中村光夫「小説入門」28　鹿児島大）

中村光夫の「小説入門」の一節である。文学の世界におけるルネサンスの叫びであることを把握すれば、決して困難な問題ではないであろう。

(12)　例題四

左の文を読んで次の問に答えよ。

自我を強く自ら認め自他のエゴイズムを認め合う人間は、それを自発的に抑制する約束を作り合う。その役目を宗教や民主的な政治がするのである。そういう約束の出来た社会は、たがいに働きかけが円満に行われる。自我を強く認めない人間は、それを測定し、たがいに順応することができない。だから外の権威によって組織づけられることを受け入れる。そこでは専制的封建的な制度が長く残留する。これらの二傾向はたがいに原因結果として働き合う。自由人の社会では、人間は類型において認め合うから、つまり典型人としてとらえやすいであろうし、後の型の社会では特殊人として、外的秩序に囚えられぬ遊離人として描かれやすいのである。前の社会では人間の違和は抑制された個の心内に発生する。その違和を鋭く意識した人間は心理的破滅すなわち狂気に導かれるだろう。後の社会ではその種の人間は政治と現世から放逐され、また進んで現世放棄となり、これは自殺の一歩手前である。近代ヨーロッパの作家に狂気したものが多く、日本の作家に自殺したものが多いのも、この傾向の現れだと考えられる。

1　次の各項に述べてあることが原文の論旨に適合しているかどうかを明らかにせよ。即ち適合している時は○を、適合していない時は×を各項の頭につけよ。
イ　その社会が民主的であるか否かは、自我を強く認める自由人によって構成されているかどうかによって判断することが出来る。
ロ　自由人の社会ではお互にエゴイズムを認めながら一方それを抑制しなければならない矛盾があるため、それがもたらす緊張を鋭く意識する人間が出て来る。
ハ　宗教は自我を強く認め合う人間の間でつくられるものである。
ニ　権威によって組織づけられやすい社会では、その社会を構成する人間はお互に順応しにくいものである。
ホ　専制的な封建社会では自我を認めない人が多いため、個人はとかく政治や現世から放逐され自殺するものが多い。
2　我が国の文学において典型人が描かれるようになったのは何時頃であるか。
3　我が国の古典の中、遊離人の文学として代表的なもの三種につき、その作品と作者名とを書け。
（伊藤整「小説の方法」28　金沢大）

我々は「人間とは何か」という問題を考えるとき、必ず自我と社会の関係にゆきあたる。人間とは自己自身であると同時に、社会を構成する一員である。言い換えれば、個性的・主体的であると共に社会的・客体的な存在なのである。人間としての自覚とは要するにこのことをはっきり意識することに他ならないと云えよう。この自覚は近代の出発と共に生まれた。むしろ自己であろうとする希いが近代を展開させた原動力であったのである。しかし近代化はすべての国で一様に開花したわけではない。その進み方も違っている。歴史の事実がそのことを我々に示してくれる。ことに近代化ということが個々の人間の内面的な自覚を一つの要件としている限りでは明治以後の日本の近代は非常に歪められたものであった。日本対西洋の問題の重要性がそこに生まれる。

ここに掲げた問題文もやはり自我と社会との関係にふれている。筆者は伊藤整、出典は「小説の方法」の第七章「自我の作用」であるが、西欧の近代と日本の場合との対照を背景として立論が為されていることを念頭において考察を進めることが必要であろう。

全文を四つの部分に分けて考えてみよう。はじめから「働き合う」までが第一段、「描かれやすいのである」までが第二段、「一歩手前である」までが第三段、以下第四段となる。

筆者は最初に二つの社会の型を示す。自由人の民主的な社会と封建制の濃く残っている社会である。前者は自我の自覚をもった人間のつくる社会であり、後者はそうでない人間によって構成される。自我を認めるということは同時に他人の自我をも認めることでなければならない。自我を自覚し、自己であろうと欲するとき、人は他者もまた同じ要求をもつであろうことを理解する。個の自覚は同時に普遍的人間性の認識に他ならない。自己の主張を通そうとして他者を苦しめたとする。そのとき人は相手の苦悩を見て、自分が彼の立場に置かれた場合に感ずるであろう苦しみを想像する。そこに自他の共感もしくは他への同情が生まれる。人は次のことを理解するであろう。多くの人間が集まったときには、己れと同様他をも愛さねばならぬ、そして自我を人に認めさせようとするなら、他の主張をも認めねばならぬ、だから互いに自制することもまた必要なのだと。西欧の社会でそのような精神を生み出す基盤になっているのはキリスト教の長い伝統であった。それは人々の生活にとけこんで、宗教というよりも基本的な物の見方の一つになっているとも云える。また、そのような考え方をはっきりした形に表わすことによって、人間の組織も一層明らかな性格を持つことができた。そこで各個人は合意の上で一つの約束を作る。人々は自らの意志によってその統制に従うのである。「その役目を宗教や民主的な政治がする」とは以上のことを意味している。この自由人の社会では衝突は互いの話し合いによって解決され、各人は自我を納得させて全体に調和していくことができる。自己を主張するのも抑制するのも人間の自由な意志によって行われるのである。

ところが、自我を認めない人間の多い場合にはそういう形をとることができない。自我を認めないものは人間としての要求に達しない存在であり、衝動に駆られて行動しがちである。彼等はその本能的な欲望を生活の根拠とする。だから各人はばらばらな個のままに集まり、内面から結びつくことができず、互いに「順応することができない」のである。そこで彼等を結びつけておくために外からこれを統制し秩序づけるものが必要になり、専制的、封建的な権威の存在が許されることになる。そして主張すべき自我を持たぬ人々は上からの命令や強制を当然のこととして受け入れる。もちろん本能的な反撥を感じることもあろう。しかし権威の重みを疑ったり否定したりすることはない。いわゆる義理と人情の悲劇はそこに胚胎する。封建的な社会では社会規範はどこまでも上から押しつけられるのであり、人々はそれを受動的に受け入れるに過ぎない。

第二段で筆者はこの二つの社会において、人間の認識はどのように行われるかを考察している。すでに述べたように、自由人の社会では相互に他者の立場に共感を持つことができる。ということは、この社会では自己を基準として他人について想像することの可能性を意味している。自分が考えたり感じたりすることがらを単に自分一個に限られた現象としてではなく、ある時代、ある社会に共通した特徴として意識し、普遍的な理念（イデエ）として抽出することができるのである。したがってそれをある架空の人物に具現させて描き出すことも容易であろう。筆者は他の場所で「類型はイデエを中核として他の存在に同一性を見出すこと」だとも云っている。だから人々が他者の中に自らの抱く理念を認め、自己と共通した存在として相手を意識するのが筆者の云う「人が類型において認め合う」ことの意味であろう。そして自由人の社会において、個人は彼の生きる時代や社会の特性を何等かの形で反映して生きていると考えられるから、「典型人としてとらえやすい」と云われるのである。

ところが封建的な社会では、人々の間に内面的な連関が存在しないから、自我の自覚をもった人間があったとしても、彼は自己の問題を他者との共通性においてとらえることができない。かえって彼は他の無自覚な人間に対して自己を異質のものと感じ、自他の差異を強調しようとする方向にむかう。その態度はとりもなおさず、彼のおかれた社会秩序にそむくことを意味し、彼は現在のあらゆる統制にとらわれずに、独自の生き方を求めようとする。この社会では自我を主張しようとする人間は普遍的なタイプとはなり得ず、その体験は特殊なものとして、そのままで表現される意義を持つことができる。筆者はこのような在り方を「特殊人」ないし「遊離人」としての自己規定だとのべているのである。「遊離人」といわれ「典型人」といわれる存在は本質においては同一のものなのであるが、それが属する社会のちがいによって、対照的な型として把握される。

第三段ではこの二つの社会に生きる人間の苦しみが語られる。自由人の社会では、自己であろうとするねがいが認められるかわりに、全体の統制にも自発的に従うことが必要とされている。したがって各個人の心の中に二つの矛盾した意識——自我の主張と抑制——が併存することになる。「人間の違和は抑制された個の心内に発生する」のである。人は常にこの両者を調和させ、バランスを保とうと努力しなければならない。しかし何かの事情で、あるいはその資質によって、心理的平衡を保つことの出来ぬ場合がある。そのとき人の心内の矛盾は激しくなり、自我は二つの方向に分裂していく。その結果心はたえず緊張し続け、人がそれに堪えられなくなると、狂気するに至るのである。それに反して、封建的な社会では対立は個人と社会の間に生まれる。自我の要求は、必ず社会の要求と衝突する。権威の側からは、自我を主張する「その種の人間」は秩序をみだし、統制に服さぬ「怪しからぬ」人間であって、社会に存在を許しておくことはできないと見られるであろう。当然そこに「政治と現世からの放逐」が行われる。あるいはそこまでに至らぬうちに、個性的な人間は自らの意志で現実の社会から離脱して山野に隠遁するか、社会との闘いに疲れて生きる意欲を失い、自殺するに至るかの形をとるであろう。近代以前の未発達な社会では隠遁が可能であった。たとえば鴨長明は「方丈記」を生み、吉田兼好は「徒然草」を書き、西行は放浪の中に詠じた和歌を集めて「山家集」をあむことができたのである。しかし近代化の始まった明治時代以後には、現世否定は自殺による外は不可能であった。

筆者は最後に、近代の西欧と日本とを比較し、前者に狂気した作家が多く、後者に自殺した作家の多いことをあげて、今までに述べた自己の所論の例証としている。そのことは北村透谷や川上眉山や有島武郎等の生涯を検討すれば自ら了解がつくことと思う。また、狂気した作家の典型としては、ロシアのゴーゴリやフランスのモーパッサンなどを考えることができる。

以上の分析によって問一のうち、ロ、ニ、ホは原文の論旨に適合した説明と認めることができよう。イ、ハは多少ひっかかるかも知れないが、民主的な社会が構成される条件として、筆者は自我を強く認め合う人間が、宗教や民主的な政治の働きによって、自我を抑制する約束を作ることをあげているのに注目すればイは否定されるし、その際宗教は自由人の精神を規定する基盤として考えられることからハも適合しないと考えることができる。

(13) 類題一

次の文章の□の中に後に掲げてある語の中から適当なものを選んでその番号だけを書き入れなさい。

西洋の近代が築いた文化の一特質は大衆に基盤を置いた□であるということである。大衆が文化の□たる位置を確立することによって文化の□たる位置をも獲得しているということである。□の中軸でありまた代表である□がいかに大衆の夢を生かし大衆の生活を革新しつつあるか、近代科学とその□とがいかに□高踏的方向を超克して、□日常的方向に徹底しようとしているか。われわれは世界大戦において、その□を決した鍵は、まさにこの□の確立如何にかかっていたことをまざまざと見せつけられて来た。

(一)学問　(二)勝敗　(三)方向　(四)近代文化　(五)鑑賞者　(六)享受者
(七)専門的　(八)大衆的　(九)文化　(一〇)近代科学　(一一)戦争
(一二)技術　(一三)形成者
(西尾実「言葉とその文化」25　香川大)

西尾実の「言葉とその文化」の一節である。西洋近代文化の性格に関する一般的理解の有無が、問題解決の前提となる。それを欠いて一から十三までの語を色々に操作してみても恐らくはうまく行かないであろう。逆に、前提が満たされている場合には、筆者の立場自体は極めて他奇のないものであるから、さして困難を感ずることはないはずである。

(14)　例題五

次の文を読んで、後に示された短文のうち、この文の要旨にかなっているものをえらび、

答案欄の番号に○をつけよ。［答は一つとは限らない。］

ある一つの芸術作品が永遠性を持つというのは、すでに作られたものが、ある個人的観念を離れてしまって、無始の太元から存在していて、今後無限に存在するとしか思えないような特質をもっていることを意味する。芸術作品における永遠とは感覚であって、時間ではない。一つの芸術作品のもつ永遠性とは、その作品の力が内具する永遠的なるものの即刻即時における被享受性であって、決して永遠時の予約や予期ではない。その不滅とは不滅を感ぜしめる力であって、決して不滅という事実の予定認識ではない。持続を瞬間に煮つめた、いわば無の時間における無限持続の感覚なのである。明日焼きすてられる事の決定している作品にも我々は永遠を感じることができるであろうし、あると思えばあり、無いといえば無いような、あるかなきかの感動を歌った詩歌にも我々は永遠を感じる。前者は物質上、後者は内容上に永遠を拒否している場合である。それ故芸術が永遠を欲するのは長命を欲するのではなくして、性格を欲するのである。永遠の時間性はまた空間性に変貌して高度な普遍性につながる。この普遍性はいわゆる通俗性とは別のもので、人間精神の地下水的意味における遍漫疏通の強力な照応であって、これなくしては芸術の人類性が成立しない。芸術上の大をもたない作品は特殊の美として存在するが、かくの如き悠久にして普遍の感をもたない。

① 夢殿の観世音像はだれが作ったという感じを失ってしまって、まるで天地とともにすでにあったような感じがする。そして天地とともに悠久であるように思われる。これはこの彫刻の永遠性をもつことを証明する。

② 法隆寺金堂の壁画は毎日毎夜崩壊をつづけている。エジプトの古彫刻もたかが五十世紀の年月にすぎず、芸術の不朽不滅などということは、あわれな形容詞にすぎない。

③ 芸術の永遠性はそれの内容や材料によるのであって、それが長命な性質であればやはりそれだけ永遠なのである。金属で作られたものは、木で作られたものより永遠的である。

④ 芸術にして太陽が霜をとかすように人心の内部にしみ入るのは、人間精神の底にひそむ悠久にして普遍の感があるからであって、これが芸術の人類性となるのである。

⑤ こった味にたよった微妙幽遠なもので、個人的な、また一民族的な芸術作品は、その中に世界をつらぬく一方の軸のようなものがなくても、人類一般のよき糧となるような性能の芸術と同様普遍的な性格をもっている。

⑥ 芸術の永遠性とか不滅とかは、その芸術の性格をいうのであって、永遠につづくということを事実として期待することとはちがう。ある芸術が直観的に不滅だという力を

感ぜしめる場合、それを不滅なるものとか永遠性をもつとかいうのである。

（高村光太郎「美について」29　東教大）

芸術と科学とは異質の世界として考えられるのが普通である。もちろんこの両者の本質における共通性を指摘する見方もあるが、多くの場合にそれらは互いに矛盾し対立するものとして見られている。科学が合理性ないし批判的精神に基づいて客観的な事実を認識しようとするのに対して、芸術の世界は人間の主観的な感情あるいは感覚的印象に基づいて形づくられ、この世界における真実さの表現や美的感動は論理によっては分析され得ぬもの、説明のできぬ非合理的なものだと考えられている。そこに芸術上のいとなみは一般の認識や生活営為とは異った特殊の存在であることを強調する立場が生まれてくる。ここにかかげたのは、同じく芸術の特殊性をその永遠性という問題から論じた高村光太郎の「美について」の中「永遠の感覚」からの出題である。

永遠とは限りなく続くこと、すなわちいつまでも滅びずに残っていることを意味する。それ故ある事物が永遠性をもつというとき、人々はそのものが遥かな過去から現在まで、長い間変わることなく存在し続けてきた事実を第一に思い浮かべるであろう。あるいはそれが今後いつまでも存続していくだろうということを予期するであろう。このように永遠性の概念は長い間つづいて変化しないという事実と密接な関連をもって我々に与えられる。それに反して、長く続かぬもの、たえず変化していくものは、永遠を感じさせない。それが最も明瞭に表われるのは、人間と自然とを対比した場合である。芭蕉が奥の細道の旅の途中、高館の跡にのぼり、藤原三代の栄華をしのんで「国破れて山河あり、城春にして草青みたり」といったあの深い感慨、それに似た経験は多くの人が持っているに違いない。たしかに人間はある時代ある社会に制約された有限な存在である。また人間の手になった芸術もいつかは滅びて地上から姿を消す。その限りでは永遠という無限の持続はその中に具現されることはあり得ぬであろう。しかし我々は個でありながら、人類全体に通ずる普遍性を感得できる。それは空間の制約を脱して、自由に全世界の人々と内面的な交感をなし得るということに外ならない。同時にまた幾つかの経験は、時間の制約を超えて、限りない時の流れが一瞬自己のうちに凝集するような感じを持つことがあるのを我々に教える。たとえば深夜晴れた大空に星の輝きをじっとみつめたとき、我々はそのような経験を持たぬであろうか。その場合は己が存在が日常の生活とは異った次元の世界に立ったときなのである。このような感覚が芸術作品によってしばしばもたらされることは、われわれの経験に徴しても明らかであろう。筆者の論点はそこをついているのである。

まず、芸術作品が永遠性をもつことの意味が語られている。あらゆる作品はその作者と産まれた年代とを持っている。しかし、真にすぐれた作品の前に立つとき、我々は何よりも先にその作品の持つ偉大さに圧倒されてしまう。誰が作ったか、いつ作られたかということとは無関係に、立派な作品は立派なものと感じられる。そのときそこにはただ我れと作品とがあるばかりで、その間に他の何者も介在を許されない。芸術作品は作られる間は作者の支配をうけるが、一旦完成すると、それ自身の美と形をもち、みだりに変改を許さない。それどころか制作の途上において、作品が早くも独自の主張を表わして作者の初めの意図を裏切る場合すらあるのである。したがってある作品のもつ偉大さはそれ自身の所有するものであって、制作者に属するものではないとも云えるであろう。そのような意味から、筆者は「ある個人的観念を離れてしまって、無始の太元から存在していて、今後無限に存在するとしか思えないような特質をもっていること」が芸術作品の永遠性だというのである。芸術の世界では無限の時間のあいだ存続するという事実が永遠なのではない。ある作品に直面して、一瞬我々が無限を感覚するところに作品の永遠性が成立するのである。そのことを筆者は「その作品の力が内具する永遠的なるものの即刻即時における被享受性」といい、また「持続を瞬間に煮つめた、いわば無の時間における無限持続の感覚」ということばで表わしている。

このような瞬間における感覚は作品の物質性すなわちそれを構成する材料にかかわるも

のでないことはいうまでもない。木は石よりも早くだめになるとか、金属の方が石よりも長くもつとかいうような、物質の耐久性は芸術の永遠性とは本質的に無関係である。筆者はその例として「物質上に永遠を拒否している場合」における永遠性をあげている。また永遠性は作品そのもののもつ性格であり、それを我々は作品全体から感覚させられるのであって、その経験は綜合的な純粋直感として、分析され得ぬものである。決して描かれた内容が永遠を感じさせるわけではない。たとえば単純素朴な子守歌の旋律のうちにも、永遠性は宿り得るのである。

さらに筆者は永遠のもう一つの属性として空間における無限のひろがりについて語っている。すべての作品はある特定の場所に生きた個人の手で作られるから、当然作者の属する地域、社会、国家ないしは民族の各々の特性を負っている。しかし真に偉大な作品はこれらの空間的な支配を超えて、全世界の人々に自由に働きかける。芸術に国境はないのである。真の芸術的享受が成立する瞬間に、人はどこの国籍にも属さない純粋な一個の人間になる。そして彼の心の最も奥深い場所で普遍的な人間性がよび起され、全人類との内心の共感をもつ。そういう芸術における普遍性が、いわゆる通俗性と異るのは当然である。「この普遍性はいわゆる通俗性とは別のもので、人間精神の地下水的意味における遍漫疏通の強力な照応」だと云われるのである。地下水は地中の深部を流れるから、「地下水的意味」とは精神の深奥の場所を指し、そこでは全世界の人々が心を自由に通じ合い、力強い共感を持ちあうのである。

そのように時と所を超越した「悠久にして普遍の感」をもつ作品が「芸術上の大」を持つのであって、すぐれた作品であってもこの「芸術上の大」に欠けるものは、「特殊な美」を感じさせるけれども、縦と横に無限のひろがりを自らの中に凝集して、我々の全身全霊を領有し、悠久・無限の感動を与えることはできないのである。

筆者のこのような立場が、芸術の本質論として唯一のものでないことは言うまでもない。その正反対の立場、つまり、芸術の永遠性の第一の要件を、不滅という事実に求める立場ももとより可能である。そしてこの筆者の立場が、芸術を内から見ようとする、内在的立場であることはもういうまでもないであろう。理想主義的、観念論的等々のことばを冠しても、少しもさしつかえはない。再三注意をうながしてきた如く、かかる立場こそ、入試現代文に最も適当な、いわば入試現代文の立場なのである。

(15) 類題一

一般に文学は、音楽とともに、絵画や建築や彫刻のような空間芸術に対して、(1)

□芸術といえよう。しかし、抒情文学、その（2）□としての抒情詩は、情の時間性により、あらゆる文学のうち、時間的徴候の最も強いものである。そして、抒情詩的時間の中心は（3）□にあることを特徴とする。情はつねに現在の感動である。すでに過ぎさった過去に対する追慕、いまだ来ぬ未来に対するあこがれすら、情操的経験としては現在である。このような現在は、もちろん、自然科学が考える現在のように、過去と未来とにさしはさまれた、ひろがりなき抽象的な点ではない。それは（4）□を成立せしめ、経験される現在として、ある（5）□とひろがりをもつであろう。しかし、それにしても現在であるかぎり、それはあまり長くはありえない。これ抒情詩が一般に他の文学の形式にくらべて短いゆえんである。

右の文章の□の中に、□の上につけた各番号に相当する左の語群の中から最も適当なものを選んで、その上の記号を記入せよ。

（1）A娯楽　B創造　C非空間　D時間　E想像
（2）A典型　B対立　C肯定　D改作　E修正
（3）Aあこがれ　B情　C現在　D自由　E時間性
（4）A文化科学　B経験　C未来　D追慕　E現在
（5）A具体性　B世界　C自由　D生命　E長さ

（工藤好美「文学論」28　名古屋大）

工藤好美の「文学論」の一節である。「抒情詩的時間の中心は（現在）にあることを特徴とする」という主旨が述べられている文章であるが、筆者の立場もまた、例文と等しく、文学や芸術の機能をひたすら内から見る側にあることを知り得るであろう。空間芸術とか時間芸術とかいう術語も知っておくがいい。

(16)　類題二

左の文を読んでつぎの問に答えよ。

芸術は、人間および人間を囲繞する森羅万象の実相を示す。この浮沈して常住する事のない現世の相の底に流れる真実の「美」を人間に悟らせる。人間をして、偏に人間同志をのみ相手とする生活から、人間以上のものを常に心に持つ生活へと向上せしめる。人の世の意味を把握させる。思弁を用いずして直指にこれを得させる。世人は、人情の機微に通じ、世故に明るく、人事の迂余曲折を知りぬいたという様な人間を以て人の世の意味をのみ込んでいるものと思う事がしばしばある。しかしこれはただの字引に過ぎない。貴いけれどもこれだけでは材料の集積を擁している人間でしかあり得ない。この貴い材料を何の為に持っているのかまだわからない。わからない所から、多くは低級な悟道に陥って行いすますか、悪辣な戯れをつづけて一生涯を暮してしまう。芸術はこういう病人じみた世界にとっては健康をもたらすものである。

（1）つぎの語句はどんな意味で使われているか。

（イ）人間以上のもの。

（ロ）思弁を用いずして。

（ハ）低級な悟道に陥って行いすます。

（2）（ニ）「材料の集積を擁している」とはどんな事をさしているか。

（ホ）「この貴い材料は」どんな場合に価値をもつと作者は考えているか。

（27　東北大）

設問の形式は部分の解釈を求める奇のないものであるが、この文章を流れる芸術観そのものをしっかりつかむことが必要である。筆者は解らないが、ここにある「現世の相の底に流れる真実の美を人間に悟らせる」という芸術観は、永遠の相の下において芸術を見ているわけで、例題の立場と全く同様である。

(17) 類題三

次の文について後の問に答えよ。

科学者と芸術家の生命とするところは創作である。他人の芸術の模倣は自分の芸術であると同様に、他人の研究を繰り返すのみでは□の研究ではない。勿論両者の取り扱ふ対象の内容には、それは比較にならぬ程の□はあるが、そこに又かなり共通な点がないでもない。科学者の研究の目的物は□であって、その中になんらかの未知の事実を発見し、未発の新見解を見出さうとするのである。芸術家の使命は多様であらうが、その中には広い意味における天然の事象に対する見方とその□の方法において、なんらかの新しいものを求めやうとしないのは疑もない事である。又科学者がこのやうな新しい事実に逢着した場合に、その事実の□価値には全然無頓着に、その事実の奥底に徹するまでこれを突き止めやうとすると同様に、すくなくも純真な芸術家が一つの新しい観察創見に出会った場合には、その実用的の価値などには□することなしに、その深刻な描写表現を試みないであらう。古来多くの科学者がこのために迫害や愚弄の焦点となったと同様に□がそのために悲惨な境遇に沈淪せぬまでも、世間の反感を買った例は多くあるまい。この様な科学者と芸術家とが相会って□相照すべき機会がなかったら、二人は恐らく□の握手を交すに躊躇しないであらう。二人の目ざす所は同一な□の半面である。

問一　右の文の□の中に左の語の中から適当なものを選んで書き入れよ。(但し左の語は全部一回ずつ用いること)

顧慮　自然現象　芸術家　真　科学者　会心　実用的　表現　差別　肝胆

問二　右の文中に意味の通らないところが五箇所ある。その部分を□でかこみ、その右に三字以内のかなでこれを訂正せよ。

問三　右の文中に現代かなづかいになっていない箇所があれば、そのかなに——を引き、その右に訂正せよ。

問四　右の文中に述べられている科学者と芸術家の一致点について、なるべく簡潔なことばで左に列挙せよ。

（寺田寅彦「科学者と芸術家」27　和歌山大）

さきに高村光太郎の「美について」の解説で、近代における科学的な認識と芸術的な認識との対立について考察した。しかし科学者にして芸術家でもあった寺田寅彦はこの問題をもっと根本から考えて、そこに両者の共通点を見出した。

たしかに科学者と芸術家が取り扱う対象の内容は違うし、その取り扱い方も同じではない。しかし科学者も芸術家も同じく人間であり、彼等の仕事は何等かの意味で人間の要求に答えるものであるはずである。われわれは誰しも真理を求め、真実に惹かれる心をもっている。未知なもの、新しいものを知ろうとする意欲を備えている。探究と認識と表現とは人間性の自然の活動であろう。この自然の活動にはげまされつつ科学者も芸術家もそれぞれの真実に迫ろうとする。対象への接近の仕方には違いがあるにせよ、未知のもののうちに真実を汲みとろうとする純粋の情熱において、われわれは芸術家と科学者との間に、何の相異も見出すことはできない。

ここに掲げた問題文は、以上のような立場を論じた寺田寅彦の「科学者と芸術家」の一節である。さきに学んだ高村光太郎の一文と比較しつつ味わうことによって、近代思想としての主観主義と客観主義の対照と、さらにその二つの立場を止揚して、両者の成立する根底にある人間そのものを問題にする人間中心主義の考え方などが明らかになると思う。

ここで一つ注意しておきたいことは、筆者の次のようなことばである。「科学者がこのような新しい事実に逢着した場合に、その事実の実用的価値には全然無頓着に、その事実の奥底に徹するまでこれを突き止めようとすると同様に、すくなくも純真な芸術家が一つの新しい観察創見に出会った場合には、その実用的の価値などには顧慮することなしに、その深刻な描写表現を試みるであろう」と。このような態度を指して「至上主義的」と呼ぶ。それはまた「芸術のための芸術」「学問のための学問」等とのことばでも言われる。

そしていずれの分野における至上主義も、それが一種の内在的・主体的立場につらなるものであることをも考えてみたい。

(18) 例題六

次の文章を読んで、次の問に答えなさい。

読解の働きは、便宜上これを分析的に考える時、その第一段階においては、もっぱら我れを抹殺して他を読むのでなければならない。しかしこれは単に読解の皮相面にすぎないのであって、我れが書を読むというよりは、むしろ我れが書に読まれるのである。この段階において把握せられる意味は、吾人のいわゆる語のロゴス（合理性・普遍性）的契機を出ないものであって、未だ単に抽象的な普遍性の域を脱することができない。われわれはこの表層を超えて、さらに我れを読む深層に徹して行かねばならないのである。しかしながらこの自我への転換が、いまだ中道にとどまる限り、それはもとより読解の究極ではなくて、かえって人々をして個人的恣意の世界に孤立せしめることとなるであろう。一人よがりの解釈、得手勝手な解釈がすなわちこれである。われわれはさらに我れを読むの底に徹し、我れの体験の中に他の体験を行じ、他の体験の中に我れの体験を発見しつつ、もはや我れもなく他もない自他合一の境地にまで透徹しなければならない。これが読解の第三段階である。

問　以後に示す読解の態度、またはそれにともなう現象は、前述の三段階のうち、それぞれどの段階に属するのであろうか。その段階を数字（1・2・3）で解答欄に書き入れなさい。

a　おのれを忘れて他を読む。
b　他を忘れて我れを読む。
c　虚心坦懐に客観的な意味を受容する。
d　客観的な文献の背後にひそむ体験と同一の体験を探索する。
e　言語のもつ普遍的な意味や、文法の法則を承認し、これにしたがって与えられた文章を読解する。
f　自己の主観の城廓にとじこもって読解に努める。
g　人はこの段階において、抽象的普遍性の把握にとどまる。
h　人はこの段階において、具体的な客観性と普遍性を把握する。
i　この段階にとどまることは、本来社会を成立せしむべき言葉が、かえって人々をして社会から分離させる。
j　この段階において、情意の世界、全人的な体験によって融合せられる。

k　人々はこの段階において、いちおう個々に分離する。

l　人々はこの段階において、すでに自他共通の事実、または道理のもとに結合される。

（稲富栄次郎「人間と言葉」28　早大）

稲富栄次郎の「人間と言葉」の一節、読んで理解する働き、すなわち読書の態度を論じた部分である。一読して解るように、筆者は主題に関してそれを三つの段階に分析して論じている。第一節ははじめから「脱することができない」まで、第二節は「すなわちこれである」まで、以下第三節と全文を区切ることができよう。この三つの部分を順次にみていくと、読解における三つの段階は発展的に深められていくものであることが理解できる、それは、「他を読む」段階→「我れを読む」段階→「自他合一」の段階というふうに深められていく。

ここで読書の場面を想像してみよう。そこには事実上本を読む自分が存在するだけである。しかし自分はその書物に表わされた著者の思想なり感情なりに接しているわけだから、書物を通して著者と向きあっていると考えてよい。ただ自分が相手に直接に話しかけることができぬということだけが、著者にあって話す場合との大きな違いである。けれどもその代わり自分の立場から書物の内容についていろいろと考えることができる。このように読書においても、互いに立場を異にする二人が書物を媒介にして交わるのであって、そこでは筆者が語りかけ、読者がそれを受けとって理解すると同時に、読者の側から筆者の立場を検討し批判する。あるいは読者が筆者の語りかけによって動かされた自身の思索や感情を反省するという働きがみとめられる。のみならず、この二様の働きは何れか一方に偏しても読書の真の意義から遠くなる結果を生む。フランシス・ベーコン（Francis Bacon：一五六一—一六二六、英国の文学者、哲学者）が「読書は我々の心の糧である」と言ったように、それは本来各人の人間性を成長させ豊かにするところに意義をもつ。ところが著者の立場の徹底的な理解はともすれば盲目的な追従に陥る危険があり、また、批判の度がすぎていたずらに自己の立場を固執し、著者のいうところを理解しようとしなければ、本を読まないのと同じことになってしまう。そこで読者と著者と双方の立場が融合しあう境地、——書物から得たものを読者が自己のうちに活かし、著者と共に感じ、考え、新たな世界を創り上げていくことのできるような深い読み方が求められなければならない。

問題文に筆者の言うところの読解の三段階もまた今述べたような著者と読者の関係をとらえた、いわば弁証法的な展開であると見られる。筆者は第一、第二段階において、その必要を言うと共に、不十分な点ないし、陥りやすい弊を指摘し、それ故第三の段階にまで徹底することが真の意味の読解の働きなのだと説いているのである。

まず第一段階を考察しよう。そこでは「もっぱら我れを抹殺して他を読む」態度を持たねばならない。読書に当って、読者は最初から自己の意見を立てず、心を白紙の状態において、筆者が何を言おうとしているのかを客観的に理解することが必要なのである。ちょうど現代文の解釈に当って、第一に「筆者の立場を正しく把握する」ことが強調されるのと同じである。読書を論じた幾つかの書をひもどいたとき、言い方は違っても同じ意味のことが語られているのを見出す。たとえば安倍能成は「青年と教養」のなかで「書を読め、書に読まれるなとは、われわれの絶えず聞かされる戒告であるが、書中の世界にはいっていくのには、いつも堅くよろいを着ていてはならない、むしろ読まれる時には読まれ、まいる時にはまいり、酔う時には酔った方がよい」と述べている。この言葉は問題文の筆者の言と些か矛盾するように見えるが、とくに若い人々に向かって書物の徹底した理解と味わいの意義を強調し、彼等の陥りがちな性急な自我主張を戒めたものとして聴くべきであろう。書に読まれるだけでいいというのでないことはすぐ後に「最初に身ぶりを定めないで相手の動かすところに任せ、さて其の後に立ち直る方が、はるかに有効である」と書かれているのでも解る。また三木清は次のように述べている。

「著者の真意を理解するということはあらゆる場合に必要なことであり、それには、できるだけ客観的に読まねばならず、そしてそれには繰り返して読むということが必要な方法である。自分の考えで勝手に読むのは、読まないと同じである。人はそれから何ものかを学ぼうという態度で書物に対しなければならぬ。理解は批評の前提として必要である」（読書と人生）。我々はまず書物をあるがままにうけ入れる、そのためには最初からあまり批判的にならず、むしろ敬虔な心でそれに接するという態度を持たねばならないのだ。

では何故このような客観的な理解だけでは十分と言えないのだろうか。筆者はこの点を説明して、「未だ単に抽象的な普遍性の域を脱することができない」からだとする。一体我々が「わかった」というとき、単に頭の中でだけ解っても納得できないという場合がある。また心の底から「なるほどそうだ」と思わせられる場合もある。読解に際しても同様の経験を持った諸君があるかも知れぬ。書物の内容をそれとして理解することは、その書を読んだすべての人に共通した事実であるが、それだけでは理解は各自の内心に触れ、自我との交渉をもつということはない。したがって個人の生き方、人間性の成長に深く影響することもないわけである。それが「抽象的な普遍性の域を脱しない」ことなのだ。この場合言葉は誰にも理解できる意味を伝える働きをするのであって、いわばこの社会性によって人々を結びつけている。つまり言語による伝達、いわゆるコミュニケイション（communication）の働く場面である。この段階においては読者が全身全霊をあげて著者の立場に共鳴する、すなわち「書に読まれる」ことが必要になる。

第二の段階として「我れを読む」ことが問題にされる。客観的にとらえた著者の立場を自我の問題とかかわらせ、自分の生きるための糧として活かそうとする態度である。また「我れ」を抹殺せず、自己の立場から検討を加えることである。先に引いた三木清の「読書と人生」にも「……しかし書物に対しては、単に受動的であることはよくない。発見的に読むということが最も重要なことである。発見的に読むには、自分自身に何か問題を持って書物に対しなければならぬ。そして読書に際しても、自分で絶えず考えながら読むようにしなければならぬ」と述べられている。単に与えられたものを理解するに止まらず、進んで自己の問題の解決に役立つものをその中から見出そうと努力する。著者の言っていることについて自分はどう感じるか、著者の立場をどう考えるかにいつも注意しながら読む。現代文の学習によく或る文を読んで感想を書くという作業が課せられるのは、そのような読解の力を養うために他ならない。ふだんから自己の生の問題を深くつきつめて考える習慣をもつ者のみが、読解のときにもよく「我れを読む」ことができる。しかも深く考える力はまた書物を通して広く深く人々の思想感情に触れることによって生まれてくるといえる。しかし前言した通り若い諸君の自我尊重はときに極端に走り、そのため著者の立場をすっかり見究めぬうちに、自分の批評をもち出したり、自分の立場で一切を割り切ろうとしたりすることが少なくない。また一旦確立された自我を折ることは人間としてなかなか容易でない。それ故著者の言が頭では正しいと解っていても心から承服することが出来難いという場合もある。それでは真の理解には到達できないであろう。もちろん同じ本を読んでも人によって受けとり方が異るということはあろう。人々の性質や生活環境や体験の差に応じて、与えられたことがらをどのように活かすかは当然違ってくる。だが中途半端な理解に基づいて、見当違いの評価をしたり、自分の主張に都合のよい部分のみをきりとって、工合悪いところは捨ててしまうというような「得手勝手な解釈」をつくり出したりするのは誤りである。「自我への転換が中道にとどまる」と筆者がいうのは、そのことであって、それでは「我れを主張して他を抹殺する」結果になり、本を読まぬのと変わらない。個々の人間が自分勝手な主張をしたのでは著者の意向が無視されるばかりでなく、共通の経験について読者がお互いに語りあい、それぞれの人間性をより深めることも不可能である。この段階に止まるならば、言葉は社会性を失い、「個人的恣意」によって歪められその当人にしか解らぬものとなってしまうであろう。

「客観的に読む」ことも「批評的・発見的に読む」ことも、読解の態度として必要なことなのだが、その何れか一方にのみとらわれるからいけないのである。この二つの心構えは本来切り離されるべきものではなく、読書しようとするとき誰しも考えることなのである。筆者はただ論述の便宜上、分析してみたにすぎない。だから結論として両者の綜合された段階が立てられるのは当然のことであろう。著者の立場を理解すると共に、自分がその立場に立った場合を想像しつつ読む。あるいは自己の直面する現実に著者の考え方もあてはめてその結果を考えてみる。自分の意見が著者と相違したとき、何故違ってくるのかを体験に照らして考えてみる、などいろいろに言えると思うが、要するに自分が全身を打ち込んで、個々の立場の根底にある真実にふれ、人間としての生き方を学びとることが筆者のいう読解の深層であろう。

問題の十二の選択肢は表現は様々だが、何れも「他→自→自他合一」の発展を理解していればその意味を適確にとらえることはけっして困難ではないであろう。

⒆ 類題一

孔子は晩年喜んで易を読み、革でとじたその書物が三度までも切れた。すなわち「韋編三絶」と伝えられている。ドイツの現代の哲学者たちも、ことにカントの著書などはよく熟読して、ぼろぼろになるまで純粋理性批判を反復し、その文句の所在には棚の上の書物よりも熟する人々が多いと聞くが、ある本原的精神に富んだ書物にかくの如く熟することは、たしかに学者たり、思想家たる上の強みである。かくして我々はその書の内容に熟するとともに、その内容を支配し、さらにそれを超越するための確かな足場をも得られるからである。しかし、こういう不尽の泉にもたとえるべき古典の書は、よく引かれる割合に少く読まれるのが常のようである。

右の文を読んで、次の問に答えよ。

1 「韋編三絶」とは、どういうことか。
2 「純粋理性批判」は、だれの著述か。
3 本原的精神に富んだ書物の名を二つこの文から拾い出せ。
4 本原的精神に富んだ書物に熟することが、なに故に学者たり思想家たる上の強みになるのか。
5 古典の書と本原的精神に富んだ書物との関係を述べよ。

（安倍能成「青年と教養」24　大阪大）

安倍能成の「青年と教養」の一節である。明確な論述で何等の疑点もない。この程度のものは一読して筆者の立場をつかみ、全体の場から部分を考えるようにすることが大切である。そうは言っても、ここにのべられているものは実は読書の第一義であって、それを実践し、体得することは容易でない。諸君は自分の体験に照らして考えなくてはならない。

二　出題者の立場を正しく洞察することによって解決に導く方法

出題者は様々な制約を受けている。第一に彼は受験生の判断力と知識とを判定する必要に迫られている。第二に彼は、その必要を高校卒業生という特定のグレードに立って果さなくてはならない。第三に彼は、その必要を限られた短い時間内において果さなければならない。以上は、出題者の立場を制約する三つの根本的な条件なのである。そこから、出題者の様々な工夫が生み出されてくるわけである。そして、そういう出題者の様々な工夫が、問題文の選択、設問のしかたを決定することとなる。だから、問題文を前にして、出題者の様々な工夫をはっきりと洞察し得たものは、すでにその問題を克服し得たものと言っても過言ではないのである。問題文、ことに設問を再読三読する必要があるゆえんである。

出題者が一つの問題を諸君の前に提出したとき、出題者は多くの場合、問題文の筆者と同一の立場に立っていると考えることは、無論正しい。しかし、必ずしも常にそうであるとは言い切れない。設問に何か批判的要素の加味されているような場合は、多くは、出題者自身が、その文の筆者の立場に対して何等かの程度において批判的な場合であると考えていいであろう。そういう場合において、出題者の立場の洞察は一層重要な意味を持ってくるわけである。

言うまでもないことであるが、第一の「筆者の立場を正しく把握することによって解決に導く方法」と、ここにのべた第二の方法とは、現実に一つの問題を前にした場合に、けっして分離するわけにはゆかない。両者は不断に相互に補いあうべきである。

(20) 例題一

次の文中、傍線を引いた部分に、論旨に副わないものがあったら、左の語句のうちから正しいと思うものをえらび、その記号によって下の欄に答えなさい。論旨に副っていると思う部分については〇印を書いておくこと。

誰れでも文明という言葉に出会うと、科学及び技術による自然の利用と征服を思い浮かべる。それは正しい考え方だ。それと同時に、人々は、この科学が、A日一日と進歩しても、必ずしも人間生活を幸福にするとはいえない、ということを知っている。芸術などの領域では、簡単に進歩を云々することは不可能で、B源氏物語より修紫田舎源氏のほうが進歩している、などといったら、物笑いになるだけであるが、科学および技術の領域では、絶えず進歩の上に進歩が積み重ねられている。すなわち、C人類の自然征服力には一定の限界がある。歴史をふりかえるとき、D文明の進歩が人間生活を幸福にする事実として映るのは、じつにこうした事情にもとづくものである。簡単にいってしまえば、文明の進歩は、科学および技術の進歩による、ということである。

イ　人類の自然征服力は不断に進歩している。
ロ　人類の自然征服力は進歩しているとはいえない。
ハ　芸術の進歩が人間生活に幸福をもたらすものとはかぎらない。
ニ　古代ギリシャの彫刻は現代のそれよりもむしろすぐれている。
ホ　文明の進歩が疑いえない事実。
ヘ　文明の進歩が疑わしい事実。
ト　昨日の進歩は加速度的でも、今日は停滞するかも知れない。
チ　昨日よりも今日、今日よりも明日というふうに、時々刻々に進歩している。

リ　科学および技術の進歩のみによっては自然を征服しえない。

（清水幾太郎「現代文明論」29　早大）

岩波講座「教育」第一巻所載の清水幾太郎の「現代文明論」の一節だが、論旨を問う問題としては、些か複雑な出題のしかたがされている。問題文中の四つの傍線の部分の正誤を見分けること、後の九つの選択肢から適当なものを選び出すこと――問題解決にはこの二つの手続きをとらねばならない。もちろん第一に問題文に則して正否を判別することが先で、その際は選択肢の方に全然関係なく考えた方がよい。二つの手順を混同すると、頭が整理されず解決がおそくなる。また選択するときにも単に内容のみでなく、文脈の上からも適否が判断されることに注意すべきであろう。出題者は論旨に副わない部分におきかえて、しかも前後の脈絡のおかしくない文を要求しているのであるから。

そこで、問題解決の第一の手続きとして、傍線の部分の正否を考えることにしよう。その場合、問題文に表わされた筆者の立場を正確にとらえる必要のあることはいうまでもない。しかし、傍線の個所をよく注意してみると、AとDとでは矛盾した主張がなされていることに気付く。Aでは科学の進歩は人間生活に幸福をもたらすとはいえないことが認められているに反し、Dでは文明の進歩は人間生活を幸福にすることが肯定されている。ところで、筆者は冒頭において文明とは「科学及び技術による自然の利用と征服」だという考え方を正しいと主張し、結論として「文明の進歩は、科学および技術の進歩による」と、この文章における自己の立場を要約しているのである。したがってAとDとは何れかが筆者の論旨に副わないことは明らかである。同時に、冒頭と結末において、筆者は文明の性格をどのように把握しているかも理解されよう。それは——筆者によれば——人間が科学や技術の力によって自然を征服し利用していく過程なのであり、人間生活の物質的な面の改良であると見られる。そして、たしかに近代の人間生活の飛躍的な発展は一面において、人間が神秘的な自然観から脱却し、それを自己の支配の下においたことに基因している。そこに十九世紀後半における極端な実証論、科学万能の思潮が生まれ、文学の世界においても、ゾラの「実験小説論」による科学的な創作方法の主張、写実主義の隆盛がみられたのである。

ところで、人間生活は果して物質的な要素のみによって成立しているだろうか。誰しも物質に対する精神の存在を認めるであろう。文明が物質を対象とするものであるとすれば、精神の発現として文化という概念が存在している。

この二つの概念を基本的に区別してとらえることが、この問題文を解く鍵となる。このことを出題者は常識として、受験生に要求しているとも考えられる。文明を代表するのが科学や技術であるならば、芸術や文学は文化の典型であろう。人間生活の幸福は、だから物質と精神両面の調和的な進歩・発達にまたねばならない。そのような分析から、Dにおける主張は筆者の論旨に合わないという認定ができるのである。

次にBについて考えてみよう。ここで筆者は芸術における進歩について語っている。しかも芸術は前段でみたように、人間の精神活動の表現としてとらえられている。科学者や技術の領域では新しいものは過去のものよりも必ずすぐれているのであり、そこで進歩は時の経過と一致する。けれども、芸術や文学の世界では必ずしもそうではない。筆者はその一例として「源氏物語」と「修紫田舎源氏」を比較している。後者は江戸末期の戯作者柳亭種彦の手になる源氏物語の翻案であるが、原作のもつ文学的香気を卑俗化したもので、その価値ははるかに原作に及ばない。それを時代が新しいから「進歩している、などといったら、物笑いになるだけ」なのである。したがってBの部分の叙述はそのままでよいわけである。ただ注意すべきことは受験の際の心理として、少しでも早く解決の手がかりをつかもうとあせる結果、どうしても、文中の傍線の部分のみに眼を向けて、他に注意を怠りがちになるということだ。傍線の部分のみを他から、とくに後に続く文から切り離して考えると、前段から追ってきた論旨と矛盾するため、Bを誤りとする人が出てくるかも知れぬ。あるいはこの問題などで出題者がそのことを意識して傍線をつけたとも想像される。

また源氏物語なら誰でも一応知っているであろうが、田舎源氏の方はそれほど有名ではない。これを知らないと、Bの判断もかなり困難になってくる。その辺に、文学史の知識をためそうとする出題者の意図が感じられる。このように、文学史に関する論述ではない文章の中で文学史に関係させた出題が他にもしばしば見受けられるから、その意味でも現代文の解釈に当って、文学史の勉強はゆるがせには出来ない。

Cについては、比較的容易に論旨との矛盾を発見できるだろう。何故なら、筆者はCのすぐ前の文で科学や技術の領域では進歩は「絶えず」続けられていると述べており、それを「すなわち」という語で下に続けているから。Cの部分とその前の文とは当然同意反覆でなければならず、「人類の自然征服力」――科学や技術の力――は無限でなければならないのである。

すでに内容の上からDの矛盾を指摘したが、この部分は文脈の点から注意深くみてもおかしい。「文明の進歩が人間生活を幸福にする事実として映る」という文を考えてみよう。その場合意味上の関連から「文明の進歩が」は「人間生活を幸福にする」という述部に対する主語として強く結びつく。そして「文明の……にする」全体が修飾部となって「事実」にかかってくる。ところが、ここでは「文明の進歩が」は「映る」の主部となるべきで、「人間生活を幸福にする事実として」が「映る」を修飾して英語の補語の役目を果すべきだと考えられる。とすると、意味連関の上からDのままでは文に無理が感じられるのである。もちろん問題解決の際いちいち詳しい文章構造の分析までする必要はないが、よく読んで続き工合がおかしいという直感を得たなら、それも解決の一助として看過することのないようにしてほしい。

そこでC及びDについて、後の選択肢の中から、それに置き換えられる文章をさがしてみる。Cに関係のあるのはイとロであり、Dに関係するのはホ・ヘの二つである。前の二文のうち、原文の論旨に照らしてみれば、ロは捨てられる。ホ及びヘについても同様にしてホが選び出されるであろう。

以上述べてきたように、現代文を解くに当って、筆者の立場の正しい把握と同時に、問題によっては出題者の立場ないしは狙いを正しく見抜くことが解決を導き出すようなものがあることを理解したと思う。以下そのような必要性を含んだ出題の例を幾つか示し、それぞれに応じた解き方を述べようと思う。

(21) 類題一

この無頓着な人と、道を求める人との中間に、道というものの存在を客観的に認めていて、それに対して全く無頓着だというわけでもなく、さればといってみずから進んで道を求めるでもなく、自分をば道に疎遠な人だとあきらめ、別に道に親密な人がいるように思って、それを尊敬する人がある。尊敬はどの種類の人にもあるが、単に同じ対象を尊敬する場合を顧慮して言ってみると、道を求める人なら、おくれているものが進んでいるものを尊敬することになり、ここにいう中間人物なら、自分のわからぬもの、会得することのできぬものを尊敬することになる。そこに盲目の尊敬が生ずる。盲目の尊敬では、たまたまそれをさし向ける対象が正鵠を得ていても、なんにもならぬのである。

右の論旨を理解し、次の各文でこの論旨に合っているものには○印を、合っていないものには×印をつけよ。

1　道というものの存在を客観的に認めているものは、道を求める人だけである。
2　盲目の尊敬は無頓着な人に生ずる。
3　中間人物が道に親密な人を尊敬するのは盲目の尊敬である。
4　無頓着な人は自分を道に疎遠な人だとあきらめた人である。
5　中間人物は尊敬をさしむける対象がいつもまちがっている。

（森鷗外「寒山拾得」24　横浜国立大　25　福井大）

森鷗外「寒山拾得」の著名な一節である。出題者の立場は、例題の一半と重なっている。採点の手間を極度に省略しつつ、受験者の現代文読解力を知ろうとするのが出題者の立場である。この形式において読解力を出来るだけ正確に見ようとするかぎり、選択肢設定に工夫をこらすことが不可欠となる。第一に本文と各選択肢との関連のさせ方において、第二に選択肢相互の関連のさせ方において、出題者の工夫がめぐらされることになる。そして、そこが受験者のつまずきの石となる。しかし、この形の問題は、どういう複雑な工夫がこらされるにしても正しい解答が必ず選択肢中に存在する点において、本来けっして困難なものとは言えない。

(22) 例題二

次の文を読んで設問に答えよ。

思想と体験をかき、社会性を自覚せずして小説を書こうとする以上、作家は自己のA私生活を語るほかはない。しかし、その作家の個我は、□□と対決せんとするていの強烈なものではもとよりなく、したがって「人生いかに□□□か」のごとき問題性を含まぬのであるから、これを作品として成立せしめるためには、「この一筋」に生きて自己をいよいよ狭ばめ、その圧縮凝固作用から発揮する一種の美的エネルギーを利用し、これを文章の□□によって飾る以外に途はなくなる。ただこの狭い道は日本□□の伝統であるB世外的隠遁的な風雅の道とつながるものをもつから、日本人のみには一種の淡い魅力を有するのである。日本の古来の小説は常に詩と密接に結びついており、源氏は□□に、西鶴は俳諧にという風であって、その風潮は今に絶えず、「小説の中に詩を見、詩を感じる気風が我々に根強く残っている」ことは否定できない。そしてCその古い感情に近代的な粧いを加味した作品は今も強く支持されている。ところで、この小説におけるD抒情性への執着が日本におけるE本格的近代小説の発生を妨げたことは詳論するまでもない。

1　文中の□に適当な語を入れよ。

2　傍線の部分について左の問に答えよ。

A　このような小説は何と呼ばれているか。

B　具体的にどういう文学となってあらわれたか、一例をあげて説明せよ。

C　次の諸作品から、ここにいわれていることに、もっともよく該当する作品を一つえらんで○で示せ。

山本有三・路傍の石　夏目漱石・坊ちゃん　川端康成・千羽鶴

徳永直・太陽のない街　有島武郎・或る女　島崎藤村・破戒

D　このことは日本の近代小説において次のどれにもっともつよくあらわれているか、一つだけ○で示せ。

自然描写、環境描写、心理描写、性格描写、官能描写

E　右の全文の中から、この筆者が「本格的近代小説」の具備すべき条件と考えているものを一つだけ挙げよ。

（桑原武夫「第二芸術論」29　同志社大）

問題文は桑原武夫「第二芸術論」所載の「日本現代小説の弱点」の一節である。筆者が小説について論じているのは明らかだが、とくにここでは、「本格的近代小説」の性格と日本の近代小説のもつ特質との差に論述の焦点がおかれていることに注意しなければならない。

すでに第一部第二章において理解したように、日本の現代は西欧とは違った特殊の性格をになっており、今日我々が自己の問題としてとらえるべきことがらには、近代以前の古い伝統との対決と超克とが残されている。したがって思想の領域においても、文学の世界においても、論述が日本の近代性ないし現代性に触れられている場合には、それを正しく理解するために、読者の側にも明治以後の社会とそれ以前の社会との関係について確実な歴史的概念がなければならない。ここに掲げられた問題文の解釈も、そのような広い文学

史的な視野のうちに始めて成り立つ。日本の近代小説のもつ特質とはどのようなものであり、またどこにそれが根ざしているのか、を明確に把握すること、そして筆者の云う「本格的」な近代小説と、どこに相違があるのかを明らかにすること、――この問題は同時に小説の本質は何かという問題にも関連してくる――が必要になってくるのである。

出題者の立場も、またこの文章の含む以上の問題性をとらえ、受験生に文学の本質及び歴史に関する理解の程度を問おうとしている。問1・2を正確に解決するためには、基礎的な論理分析力や鑑賞力のみでは不十分であろう。まして、何の準備もせず、問題用紙を前にし、問題文を読んでから考えるというような無計画さでは、とても十分な答を書き得る望みはあるまい。やはり普段から、たえず関心を持って種々の著書に接し、豊かな教養を身につけておくことが大切である。何を読めばよいかは本書の後につけられている「現代文に対する興味と理解力とを増すために特に読むべき十冊の書」の解題を手がかりにして選択してほしい。

些か前置きが長くなったが、具体的に問題に触れてみよう。

問題文は内容から見て二段に区切ることができる。はじめから「飾る以外に途はなくなる」までが第一段、それから後が第二段である。筆者は前段において、自己を社会からきり離して問題とする場合、作家の創作態度はどのようなものになるかを論じ、後段においてそれを日本の近代小説にしぼり、文学伝統との関係において考察している。やはり小説の領域においても作家の自我と社会とのかかわりの把握が根本において問われねばならない。これまで幾つかの出題についてみてきたように、この人間存在の二重性は近代社会に生きるものとして誰もが第一に突き当らねばならぬ、そして自己の生き方を徹底させるために真剣に取り組まねばならぬ課題であった。個人の裡における自我と社会性との対立、それをいかに処理すべきかが真実に生きようとする人々の共通に味わう苦しみであった。そこに人生をどう生きるかの大きな問題があったはずである。しかし、社会とのつながりにおいて自己をとらえることを意識しない人間にあっては、そのような苦しみは感じられまい。だから「その作家の個我（＝自我）は、社会と対決せんとする」ような「強烈なものではもとよりなく、したがって「人生いかに生くべきか」のごとき問題性を含まぬ」と云われるのである。人生、すなわち自らのおかれた社会的現実を問題にしないとすれば文学はそれを離れた場所に成立せざるを得ない。実人生から逃避し、一切の対人関係をもたぬ自我を自然の神秘と対せしめ、宇宙の奥底に潜む絶対者の意志を感得するところに文学があると見られるに至る。筆者のいう「この一筋」とは、芭蕉の幻住庵記の「一たびは仕官懸命の地をうらやみ、ある時は仏籬祖室の扉に入らんとせしも、たよりなき風雲に身をせめ、花鳥に情を労して、暫く生涯のはかり事とさへなれば、終に無能無才にして此の一筋につながる」という一節をふまえていることは云うまでもない。芭蕉の生涯や芸術観に多少でも触れた諸君ならば、「無能無才にして此の一筋につながる」と書かれた意味をすぐ了解されるであろう。それは決して単純な自己卑下ではない。もしそのような気持があるとすれば、それは現実にも宗教にも徹しきれなかった芭蕉の苦悶の反映であろう。それ以上に彼はこの言葉をもって自己及びその芸術を、世俗から隔絶した、しかし人間の営みとして規定しようと望んだのであろう。俳諧の道は彼の孤独な自我の唯一の展開であった。筆者もその意味をとらえて引用したのである。そのような、社会的ひろがりを持たぬ自我にとっては問題意識は限られる。したがって作品は内容の豊かさよりも、限られた問題の精密なとらえ方が主になる。そこに表現の技巧による美の創造という態度が生まれてくる。何故新古今時代に和歌の表現が複雑な技巧を持つに至ったかも、同様の理由に基づく。

ここで問1を考える上に注意すべきことをのべよう。これはいわゆる充塡問題であるが、他の場合と違って出題者は入れるべき字数を明示している。簡単なことだが、考察の範囲がこれで大きく限定される。ことに第二の個所では相当の配慮が必要であろう。

筆者は前段で述べた自我探究の方向が日本の文学伝統と結びついて近代にも一つの魅力となっていることを指摘する。それは「世外的隠遁的な風雅の道」への憧れに外ならず、文学史の事例としては芭蕉、兼好、西行らの辿った道である。何故そうした態度が生まれるのか。さきに例示した伊藤整の「小説の方法」におけるような「専制的封建的な制度」の絶対的な規範性にその理由を見出すことも可能であろう。同時にこの筆者はより内面の問題として「詩」への憧憬をあげている。もちろんここで云われる「詩」とは近代詩という意味でなく、和歌俳諧を含めた、人間の主観や、情緒の動きの表われと解すべきである。だから、「日本の古来の小説は常に詩と密接に結びついている」というとき、筆者はそこに知性に対する抒情の優位を認める傾向を指摘しているのである。客観的な世界をリアルに分析的にとらえるよりも、自己の主観を、心情の世界を、個人的な悲しみや寂しさを、深く味わうことに心を惹かれる態度が日本人には強い。事実、近代以前の社会で、例えば源氏物語の作者紫式部は一方歌人として作品を残し、物語にも随所に和歌がとり入れられている。式部の生きた時代には和歌が貴族社会の人々の自己表現ないしは他者との交通の最も普遍的な手段であった。源氏はそのような社会に成立した。また西鶴は江戸時代の町人階級に属し、そこでは彼等の文学的要求は俳諧の世界で満足させられていた。彼は小説家であると共に談林派の俳人でもあった。そしてこの小説と詩との結び付きは、近代になっても一般の要求によって支えられている。

しかし、本来近代小説はその根底にリアリズムを持ち、人間の社会性を各自が問題意識として持つところに生まれるのである。その意味で、日本の近代小説はまだ真の意味で近代化されたとはいえない。筆者は結論としてそのように述べて文を結んでいる。

いままでに解説したところでも、問題文の解釈に各自の文学に対する豊かな教養の必要は感じられると思う。さらに問2のA、C、Dにおいても出題者は諸君の幅広い学習を要求している。何れも単に問題文の熟読のみでは解答は導き出されない。「私小説」ということばは一冊でも近代文学に関する著書に親しんだことのある人にはすぐ思い浮かぶものであろう。Cはたとえ個々の作品を全部読んでいなくても、近代文学の系譜への確実な理解があれば、川端康成に見当がつくと思う。またここに掲げられた小説は何れも日本の近代の諸相を描いた作品であって、一度は読んでおいていいものであろう。Dは些か面倒だが、近代小説の最も大きなテーマとして人間の心理描写があげられるという知識を活用し、問題文における筆者の論点を考え合わせることが必要である。そうすれば日本の近代小説では、人間の心理をリアルに描かず作家個人の抒情性によって対象の把握が歪められることに大きな問題があると理解させようとする出題者の立場を見出すことができよう。

再び繰りかえすが、現代文の学習は決して受験という特殊の枠のなかでだけ行われていいものではない。諸君が絶えず自己に問題を持ち、それを解決しようとして多くの人の著書に真剣にぶつかっていくとき、知らず知らずのうちに学習が行われていくのだということを悟ってほしいと思う。

(23) 類題一

「先がけの勲功《いさを》立てずば生きてあらじと誓へる心生食《いけずき》知るも」これは平家物語を詠じた子規の歌である。（　）ではないかも知れないが、子規の心が平家物語の美しさの急所に鋭敏に動いた様が感じられる。平家の中の合戦の文章は皆いいが、宇治川先陣は、好きな文の一つだ。盛衰記でもあの辺りは優れた処だが、とても（　）の簡潔な底光がしている様な美しさには及ばぬ。同じ題材を扱い、こうも違うものかと思う。読んでいると、（　）の歌が決して佐々木四郎の気持という様な曖昧なものを詠じたのではない事がよく解る。荒武者と駻馬との躍り上る様な動きを、はっきりと見て、それをそのままはっきりとした音楽にしているのである。成る程佐々木四郎は先がけの勲功立てずば生きてあらじ、と頼朝の前で誓うのであるが、その調子には少しも悲壮なものはない、勿論感傷的なものもない。傍若無人な無邪気さがあり、気持ちのよい無頓着さがある。（　）が（　）に生食をやるのも気紛れに過ぎない、無造作にやってしまう。尤もらしい理由なぞ色々書いている盛衰記に比べると格段である。

1 「こうも違うものかと思う。」というのは何と何が、どう違うのか。

2 生食とは何か。

3 右の文の（　）の中に、次の語の中から、適当なものを選んで書き入れよ。

源氏物語　四郎　名歌　平家　頼朝　荒武者　子規　詩歌　実朝　盛衰記　義経

4 右の文の歌を平易な口語に訳せ。

（小林秀雄「無常という事」24　大阪外語大）

小林秀雄の「無常という事」の一節である。文章完成を求める充填問題であると同時に、受験者の文学史的常識をも併せ見ようという問題で、ほぼ例題の場合に等しい。平家物語や源平盛衰記のこと、ことに梶原景季・佐々木高綱の宇治川の先陣争いの故事を一応知らないと、完全な解決は困難である。ただし、それは困難ではあるが不可能ではない。むしろ私は、全然故事に通じなくとも完全に近い解答の出来る判断力を期待したい。

(24) 類題二

バランスのとれた考えをもつということは、いかに偉い人間の頭脳の産物であっても、他人の作った出来上った考えや学説を、そのままうのみにし、それに帰依《きえ》してしまったのでは、できにくいのであって、あくまで自分が考えの主人であり、考えの支《ささ》え主でなければ出来ないことである。またその考えは、釘《くぎ》止めされて固定したものでなく、現実の発展にともなって、自分と一緒にいつも「歩いて」いなければならぬ。足が一つところに止まっていては、現実の方は発展するから、その現実の動きをとり入れることができない。それでは現代の思想としてはプロポーション（均衡）を欠いたものになる。

そこに1□が直接にその人のものであるという意味で、2□中心という関係が出てくる。ある一定の固定した3□が中心でなく、動いている4□が中心で、5□が6□を支えているのであって、反対にある一定の7□が8□を支えているのではないという関係が出てくる。ある一定の9□で10□が支えられている場合には、その11□に12□の自由はないが、13□がいろいろ変化し発展する現実やさまざまの学説の中から、それぞれの重みを見分けて自分の14□を作ってゆく場合に、はじめて15□の自由があり、ほんとうの意味で16□の自由があるということになろう。

上の文の□の中に「人間」または「思想」の語を入れて、文意の通ずるようにせよ。

（笠信太郎「物の見方について」27　広島大）

笠信太郎の「物の見方について」の一節、これも充塡問題の一つだが、特殊な出題形式がとられている。第一に空白を埋めるべきことばが「人間」と「思想」の二語に限られていることと、次に問題文の後半にだけ空白があるということに注意しよう。入れるべき語がこのように限られているというのは、それらの関係が問題文における筆者の主題になっていることを示すと考えてよいであろう。したがってこの各々のことばを筆者がどのように把握しているのか、その関係をどう考えているのか、――を追うことが問題解決の第一歩である。同時にこの問題では、前半の部分を熟読すれば、そのことに見当がつけられるのだ、という点に出題者の立場があると思われる。問題文全体を眺めてみると、筆者は前段で自己の人間と思想との関係についての立場を提出し、それに基づいて後半で種々の角度からそれを検討していると考えられる。

このような形の出題は一見容易なように見えて、実際当ってみると他の場合よりもかえって難しさが感じられる。空白の個所が多く、しかも語は二つだけだから、部分的な文章の前後関係のみからでは非常に迷いやすい。苦しさのあまり、いいかげんに入れておけばどれかはまぐれ当りに合うだろうというような誤った気持を絶対に起さぬようにくれぐれも注意してほしい。そんな答案は出題者が見ればすぐ解るのだし、受験生として採るべき態度ではない。これは答案の字を正確にていねいに書く必要と同じく、受験の際の一般的な心得であり、その人の人がらにかかわることでもあろう。

さらに気をつけねばならぬのは、この型の問題で、筆者の立場の把握をあやまると、解答が要求と完全に逆になってしまう場合がある、ということである。

(25) 類題三

進歩とは何であるか。それは○とは区別されなければならない。○は一定の事物の○の一種であるが、これと同一ではない。単なる○はある事物が同一の状態に止らないことを意味するが、○は人間が想定するところの一定の標的へ方向づけられたところの事物の変化である。若し○がこの方向に赴かない場合においては○がなくて退化が起ったことになるのである。さらに進化が○とことなっているところは前者は人間と無関係に生起するに反し、後者は人間の自由意志、人間の努力の所産である点に存する。例えば四季の推移や気象上の現象には○はあるが、○はない。これに反し動植物については○以外に○が認められ得る。さらに科学・技術・芸術・政治・経済等に関しては○や○でない○が存在するのである。○は人間が目標を設定すること及び人間がある事物をこの目標に接近せしめようと努力するものである点において二重に人間的要素をもっている。この意味において○は人間の業績の結果である文化現象に固有なものと認め得られるのである。

右の文の〇の中には「進化」、「変化」、「進歩」の何れかの語が入るのであるが、そのうち「進歩」という語は何回入るか。

（1）――3回　（2）――4回　（3）――5回　（4）――6回　（5）――7回

（田中耕太郎「進歩の論理と倫理」29　保安大）

田中耕太郎の「進歩の論理と倫理」の一節。この問題において出題者はどの空所に、どの語を入れるかをさえもう聞こうとしない。答えはただ一つの〇だけにあるように工夫がされている。時間的制約に極度に限定された場合の例としてかかげた。

(26)　例題三

僕が十九の歳の春のなかば頃と記憶して居るが、少しからだ工合が悪いので、暫く保養する気で、東京の学校を退いて国へ帰るそのかえり途のことであった。大阪から例の瀬戸内通いの汽船に乗って、春の海波おだやかな内海を航したのであるが、ほとんど一昔も前のことであるから、僕もその時の乗客がどんな人であったやら、船長がどんな男であったやら、茶菓を運ぶボーイの顔がどんなであったやら、そんな事は少しも覚えていない。唯その時は健康が思わしくないから、あまり浮きうきしないで、物思に沈んでいたに違いない。絶えず甲板の上に出て、将来の夢を描いては、この世における人の身の上の事などを思い続けていた事だけは記憶している。勿論、若い者の癖で、それも不思議はないが……。

そこで、僕は春の日ののどかな光が、油のような海面にとけ、ほとんどさざなみも立たぬなかを、船首が心地よい音をさせて水を切って進行するにつれて、霞たなびく島々を迎えては送り、右舷左舷の景色を眺めていた。菜の花と麦の青葉とで錦を敷いたような島々が、まるで霞の奥に浮いているように見える。そのうち、船がある小さな島を右舷に見て、その磯から十町とは離れないところを通るので、僕はてすりにより、何心なくその島を眺めていた。山の根方の彼処此処に背の低い松が小杜を作っているばかりで、見たところ、畑もなく、家らしいものも見えない。しんとして寂しい磯の退潮の跡が日に輝いて、小さな波が汀をもてあそんでいるらしく、長い線が白い刃のように光っては消えている。無人島でないことはその山よりも高い空で、雲雀の鳴いているのがかすかに聞えるのでわかる。

田畑ある島と知れけり揚雲雀

これは僕の老父の句であるが、山の彼方には人家があるに相違ないと僕は思った。と見るうち、退潮の跡の日に輝いているところに、一人の人がいるのが目についた。たしかに男である、また子供でもない。何かしきりに拾っては、籠か桶かに入れているらしい。二足三足歩いてはしゃがみ、そうして何か拾っている。自分はこの寂しい島かげの小さな磯を漁っているこの人をじっと眺めていた。船が進むにつれて、人影が黒い点のようになってしまった。そのうち、磯も山も、島全体が霞の彼方に消えてしまった。その後、今日が日までほとんど十年の間、僕は何度この島かげの顔も知らないこの人をおもい起したろう。これも僕の「忘れ得ぬ人々」の一人である。

右の文を読んで次の設問に答えよ。

(A) 作者がこの文を書いたのは何歳ごろのことか。

(B) 一人の男のいた「島かげの小さな磯」は島の中央からいって、凡そ南側にあるか、北側にあるか。又それはこの文のどこでわかるか。

(C) 作者が「この島かげの顔も知らない」男を「忘れ得ぬ人々」の一人としたことにはいろいろの理由があろうが、次の各項のうちで、最も大きな理由だと思うものの上に、○印をつけよ。

(イ) 船に乗っていた時、健康が思わしくなく、物思いに沈んでいたから。

（ロ）この文章を書いた時、孤独感に堪えがたかったから。
（ハ）島かげの男の有様に作者の老父を連想させるものがあったから。
（ニ）島かげの男の有様が作者の人生行路を暗示するかの如く思われたから。
（ホ）島かげの男の有様が浮世ばなれしていて、うらやましかったから。
（ヘ）瀬戸内海の一小島の景色があまりに寂しくもまた美しかったから。
（ト）道義的にこういう男の存在を忘れてはならないと考えたから。

（国木田独歩「忘れ得ぬ人々」27　大阪市大）

慧眼の受験生ならば、問題文を一読して、これが国木田独歩の小説「忘れ得ぬ人々」の一節であることを見出すであろう。

三月のはじめ、ある暗く寒い夜、東京の西郊溝の口の一旅館で、無名作家大津弁二郎は偶然隣り合わせた、やはり無名の画家秋山松之助と親しくなる、大津は草稿「忘れ得ぬ人々」に記した自分の人生体験を秋山に語って聞かせる。その第一話がここに掲げられた部分なのであって、文中の僕は大津を指している。

一般に小説の一節が問題とされる場合、考え方として作者と主人公とを一応区別する必要がある。しかし、この問題では、僕すなわち作者を前提として考えるように出題者が要求しているのであるから、作者と僕との関係にはとらわれずに考察を進めていってさしつかえない。

問題文の大意は、僕（＝作者）が十九歳の春、身体を悪くして東京の学校を休学して故郷へ帰るため大阪から船に乗って瀬戸内海を航行する。その途中ある小島のすぐそばを船が通った。僕は物思いに沈みながら、ひとり寂しく人気のない磯を眺めている、しかし空に雲雀が鳴いていることから、父親の俳句を思い出して無人島ではないと思う。その中に気がつくと、誰もいないと思った磯に一人の大人が何かを漁っている。僕は「この寂しい島かげの磯を漁っているこの人をじっと眺めていた」。それ以来今日まで約十年の間その島の人影が忘れられない、というのである。文章は論文と違って平易だが、ここに表わされている作者の心情はなかなか複雑である。意味だけ解っても、作者のおかれた環境や、彼の受けた印象・感情を各自がありありと想像し感得しなければ、問題（C）の正しい解決は得られない。

問の（A）と（B）とは、受験者の意表をついた出題である。ことに（A）は文の内容の把握にのみ没頭していると、かえって注意がゆきとどかず、解答に苦しむことになろう。ふつう、小説を読む場合に人は作中に物語られることがらにはよく眼を向けるけれども、作中人物の容姿、年齢、経歴、あるいは事件の展開される場所などにともすると注意が行き届かぬことがある。小説を鑑賞批評する場合、作中人物を通して行う方法があるが、その際にも作中人物の性格や心理をとらえるのはもちろん、彼を規定するさまざまの外的な条件を意識することも、その人間の全貌を知る上に必要なのである。平常から小説を読むとき、以上のことにたえず気を配っていれば、問題（A）の解決も極めて容易になる。

作者（＝僕）がこの文の素材である体験を得たのは「十九の春のなかば頃」と最初に書かれていることがまず注意されていい。そして最後のところで、「その後、今日が日までほとんど十年の間」経っていることが解る。この二点に気がつけば、二十九歳ごろという答がすぐに得られるはずである。

また、作者（＝僕）は大阪から瀬戸内海通いの汽船に乗って「春の海波おだやかな内海を航した」。そこで当然予想される常識として西へ向かって進んでいったことが解る。問題の島は進行方向に向かって右にある。何故なら「船がある小さな島を右舷に見て、その磯から十町とは離れないところを通る」と書かれているから。とすると、船は島の南側をみて通ることになり、したがって男のいた「島かげの小さな磯」は島の南側にあると理解されるだろう。

第一部で説いたように、入試問題としての現代文にはたしかに原則的な性格というものがあるのだが、問題によって、問い方にいわば毛色の変わったものがある。そのような出題にぶつかったとき、一応は何か出題者の特殊な意図を予想して、受験者の側でも問題解決の心構えを立てなおす必要がある。

さきに（C）の解決の態度についてちょっと触れたが、さらに内容に即して具体的に考えてみよう。第一に注目すべきは、出題者が「最も大きな理由だと思うもの」を問うていることである。のみならず、その前に「いろいろの理由があろうが」とも附言されている。だから、（イ）から（ト）までの七個の文のうち適当と思われるものが幾つかあるが、そのうちから最大の理由一つを選ばねばならない。

さて、僕（＝作者）はこの文を十年前の出来事を回想しながら書いたのである。ここに語られているのは十年前の僕（＝作者）についてであって現在の僕（＝作者）の状態は書かれていない。たしかに十九の少年に孤独が感じられていたことはうかがわれる。しかし現在の僕が果して孤独に苦しんでいるかどうかはこの文章のみでは断定できないから、（ロ）は理由にはなり得ない。僕がその男をみたのは偶然である。しかもそれはごく僅かな時間遠くから眺めただけで、深い関係を持ったわけではない。道義的に忘れてはならぬ人間ならば決してそのような淡い関係にあることはないから、（ト）も捨てられる。（ついでに言えば、原作で、大津は自分の草稿の冒頭に「忘れ得ぬ人は必ずしも忘れて叶ふまじき人にあらず」と書き、この句について秋山に説明している。「忘れて叶ふまじき人」とは親とか子、友人、教師、先輩など自分が多く世話になった人であって、大津の言う「忘れ得ぬ人」とは「恩愛の契もなければ義理もない、ほんの赤の他人であつて、本来をいふと忘れて了つたところで人情をも義理をも欠かないで、而も終に忘れてしまふことの出来ない人」なのである。前者がちょうど問題の「道義的に忘れてはならぬ存在」に当るわけである。この区別に一篇の主題、作者の意図が感じられる。）

残りの五つの文章は何れも、当時の僕（＝作者）の心理状態を形造る要素と推定しても不都合なところはないように思われる。けれども、（ニ）と（ホ）とはむしろ読者の類推の中に成立するのであって、この問題文の中で直接には触れられていない。（イ）は僕の経験を成立させる有力な心理的背景ではあるけれど、よく文章を読むと、船が島の傍を通ったとき、僕はむしろその寂しく美しい風景に心を惹かれている。また僕は島の寂しさを感じながら、雲雀が鳴いていることで、老父の句を連想したのであって、男の姿と老父の映像とは直接僕の心で結びついたのではなかった。僕は老父の句を想い出して「山の彼方には人家があるに相違ないと思った」のである。このように考えてくると結局（ヘ）が最も当時の僕の心に大きく印象づけられていたと思われ、そこに偶然映った男の姿が、人間的な寂しさを僕に痛切に訴えたために、彼が忘れ得ぬ人の一人となったと解釈される。病を得て故郷へ帰る途中であるという事実、老父の句がひかれていることから、ともすると（ハ）に惹かれそうになるかも知れないが、僕の心情を細かく吟味していけば、必ず右のような結論に到達するであろう。

(27) 類題一

いたずらで強情な私は、決して世間の末っ子のように母から甘く取り扱われなかった。それでもうちじゅうでいちばん私をかわいがってくれた者は母だという強い親しみの心が、母に対する私の記憶のうちには、いつでもこもっている。愛憎を別にして考えてみても、母は確かに品位のあるゆかしい婦人に違いなかった。そして父よりは賢そうにだれの目にも見えた。気むずかしい兄も、母だけには畏敬の念をいだいていた。おっかさんはなんにも言わないけれども、どこかにこわいところがある。私は母を評した兄のこのことばを、暗い遠くの方から明らかに引っ張り出してくることが今でもできる。しかしそれは、水にとけて流れかかった字体を、きっとなってやっとものとの形に返したようなきわどい私の記憶の断片にすぎない。そのほかのことになると私の母はすべて私にとって夢である。とぎれとぎれに残っている彼女のおもかげをいくらたんねんに拾い集めても、母の全体はとても髣髴《ほうふつ》するわけにはゆかない。そのとぎれとぎれに残っている昔さえ、半ば以上はもう薄れ過ぎてしっかりとはつかめない。

問一　兄のことばの部分を抜き出せ。
問二　特殊なたとえ方がしてある部分を抜き出せ。
問三　次の文の中、この問題文にてらして肯定できるものには○をつけ、そう断定出来ないものには×をつけよ。
A　うちのことは一切母が支配していた。
B　母は私にも兄にも甘くはなかった。
C　兄は母以外には畏敬という気持は持たなかった。
問四　母についての次の判断のうち、確実にそう言えるものについて○をつけよ。
A　上品であった。　B　精神的に孤独であった。
C　気位が高かった。　D　冗舌ではなかった。
（夏目漱石「硝子戸の中」28　横浜国立大）

夏目漱石の晩年の小品「硝子戸の中」（大正四年一月）のうちの、母の想い出に関する一節である。問題文は極めて平易だが、ここに描かれた母の姿、性格をはっきり読みとることが大切である。筆者は前半でそれを描いており、後半において自分の母についての記憶の貧しさを語っている。この前半と後半の切れ目がどこにあるかということが問一と関係してくるのである。問一、問二には問題はないが、問三及び問四には出題者の意図をよく了解してかかる必要がある。と云うのは、これらの問題解決に当って、筆者自身の感じたこと、あるいは見聞したことと、読む者の側の解釈とをはっきり区別してかからないと、往々にして失敗する危険があることだ。問題文に述べられたことがらから早急に自分勝手な推測を働かせてはならない。例えば問三についてみても、出題者が特に「問題文にてらして肯定できるもの」と「断定出来ないもの」との識別を要求している。だから受験生の側で「そう思われるのだが、何だかはっきりしない」と考えられる項目は断定できないものとしなければならない。Aの「うちのことは一切母が支配していた」という文は、問題文中の「(母は) 父よりは賢そうにだれの目にも見えた」とか「気むずかしい兄も、母だけには畏敬の念をいだいていた」と云うような文から肯定できそうな気がするのだが、そうだと断定するにはこの問題文全体を通じて材料が不足である。たとえ事実母が支配していたとしても、この文の範囲では筆者はそれを裏づけるようなことを一言も述べていないのである。

それに反して、Bの場合は筆者が明らかに自分は「母から甘く取り扱われなかった」と云っており、兄の「(母は) どこかにこわいところがある」という言葉を引いているところから、たしかにそうだと肯定してよい。このように問題文の範囲で考えることを解答者は求められているのである。

(28) 例題四

(イ) 或朝の事、自分は一疋の蜂が玄関の屋根で死んで居るのを見つけた。(ロ) 足を腹の下にぴったりとつけ、触角はだらしなく顔へたれ下がっていた。(ハ) 他の蜂は一向に冷淡だった。巣の出入りに忙しくその傍を這いまわるが全く拘泥する様子はなかった。忙しく立働いている蜂は如何にも生きている物という感じを与えた。(ニ) その傍に一疋、朝も昼も夕も、見る度に一つ所に全く動かずに俯向きに転っているのを見ると、それが又如何にも死んだものという感じを与えるのだ。それは三日程その儘になっていた。(ホ) それは見ていて、如何にも静かな感じを与えた。(ヘ) 淋しかった。(ト) 他の蜂が皆巣へ入って仕舞った日暮、(チ) 冷たい瓦の上に一つ残った死骸を見る事は (リ) 淋しかった。(ヌ) それは如何にも静かだった。

右はまとまった一つの文章であるが、解答を書く便宜の上から、右肩の符号によって文章を分割してある。右の文を読んで、次の問につき記しなさい。

問(1) この文章には、その表現効果の上で極めて大切な「然し」という言葉が抜けている。まず、これをどの文の間に入れればよいか。所定欄に記入しなさい。

(2)「淋しかった」という感動は、どの符号の文のところに、より多く起因して、出てくる心情か。その箇所の符号を三つ挙げて、所定欄に記入しなさい。

(3)「それは如何にも静かだった」という感動は、この文章の、どの符号の文とどの符号の文との関係に、より多く起因して出てくる心情か。その箇所を二箇所、所定欄に記入しなさい。

(4)「それは如何にも静かだった」という感動は、どういう気持を表わしているか。左の中、最も適当と思われるもの一つの符号を、所定欄に記入しなさい。

(イ) 蜂の死の姿が、ここに描かれているように、あまりに無惨にわびしく、しかも静かにうち棄てられて、あわれであるという気持。

(ロ) 死と生とが互いは交渉なしに、めぐり合わせのままに、おかれてある厳かな冷い事実を、静かに肯定する気持。

(ハ) 他の蜂は生の躍動に充ちているのに対して、この蜂はうち棄てられた死の静けさの中にあって、あわれであるという気持。

(ニ) 日は暮れ、他の蜂は皆巣へはいって、あたりはひっそりと静まり、その上冷い瓦の上に死骸だけが残っているのを、如何にも静かだと肯定する気持。

(志賀直哉「城の崎にて」26 大阪大)

出典は志賀直哉の作品「城の崎にて」。作者は大正二年八月山手線の電車にはねられて重傷を負い、その養生のために兵庫県の城崎温泉に遊んだ。四年の後城崎での経験を書いたのがこの作品で、作者は「これも事実ありのままの小説である。鼠の死、蜂の死、いもりの死、皆その時数日間に実際目撃した事だった。そしてそれから受けた感じは素直に且つ正直に書けたつもりである」（創作余談）と云っている。ここに掲げたのはそのうちの蜂の死に関する部分で、文章は平易だが、この作者特有の極めて簡潔なスタイルで書かれており、出来るだけ事実の正確な描写に終始して、心理の詳細な表現がなされていないから、問題の解決にはかなりの苦心がいる。なお、この問題を考える場合には、作者の遭遇した事件――それはこの作全体を考える上には大きな意味をもってくるのであるが――を考えあわせる必要はないであろう。

さて、この問題文の作者の受けた感銘は、出題者の示すとおり「淋しかった」という心と「静かだった」という心とである。それらはこの短い文の中で二度くりかえされているのである。それが一体何に基づいて感じられたか、またこの二種の感情がどのような関係にあるのか、いいかえれば何れが作者にとってより強く感じられたか、ということを見るのが問題の趣旨である。

この文で作者の眼に映ったのは、生きて働いている蜂と一匹の死んだ蜂である。だからこのときの作者は「生と死」の問題を恐らく意識したに相違ない。淋しいとか静かだとかいう感じ方もそこから生まれてくるものと考えられる。ただ作者は生と死という二つの事実を前にして、それをどのように受けとっているかが問題である。一般に人が何かの死体を見たとき、恐怖や悲哀を経験するであろう。もちろん死体そのものからもある感情をうけるだろうが、同時に生きている間に味わったであろう様々の幸福や喜びが死とともにすべて終結してしまったということからも我々はいろいろな感情をうけずにはいないであろう。つまり生と死とは一般的に「生物と死骸」という具体物について問題とされるのではないと云える。（もちろん普通蜂の死骸に注意することはあまりない。それが問題になるというのはやはり作者自身の死への接近という体験があったからであろう。）

ところが、作者は、蜂の死骸に対して「他の蜂は一向に冷淡だ」と見、「全く拘泥する様子はなかった」と書きながら、それらの事実から、「忙しく立働いている蜂は如何にも生きている物」と感じているにすぎない。しかもそれと対照的に「一つ所に全く動かずに俯向きに転っているのを見ると、それが又如何にも死んだものという感じを与える」と書いている。ここで問題になっている生と死とは、要するに「生きて動くもの」と「じっとして動かぬ死骸」との対照に外ならない。そのことはまた、作者が生の世界と死の世界とを哲学的に考察したり、生から死への転移に深く思いをひそめたりしてはいないという事情を示している。

そのことは作者の感動についても云える。「三日程その儘になっていた」蜂の死骸によって、彼はまず「如何にも静かな感じ」を与えられているのだ。これは誠に対象に即した実感そのものであり、極めて印象的、感覚的な性質をもつ。「如何にも」という修飾が一層そのことを読者に感じさせる。死骸を眼にしながら、彼の心は「死」に対する思索や、感傷で動かされていない。それは「死んだものという感じ」のもたらす静けさ、微動だにしない静けさなのだ。しかし同時に作者は「淋しかった」とも思う。何故だろうか。死の不動さは、死骸の傍の「働いている他の蜂」の姿と対照されるからだ。生きているものは活潑に動きまわり、その生活の回転に自身を適応させていく。が、死んだものはひとりと り残され、自らの力では動くことが出来ないでいるのだ。始め彼は静けさのうちにふと淋しさを感じている自分を見出す。そのときはまだ何故だかはっきりと解らない。自分の三日間の経験を探ってみると、夕暮にとくに淋しく思ったことを見出す。生きているものと死んだものとの対比が、人も鳥も自分のねぐらへ急ぐ時刻において特にきわ立った印象を彼に与えた。彼は淋しいと感じた。彼はその事情を説明するために、「他の蜂が皆巣へ入って仕舞った日暮、冷たい瓦の上に一つ残った死骸を見る事は淋しかった」とつけ加えるのである。

作者の心情は、素朴であり、正直であり、自然であったと思う。その自然の心情に再び導かれて、作者の心はその際にも「一つ残された死骸」から「静けさ」を感じることを止めないのだ。「淋しさ」の起源を述べながら、しかも最後の一行を繰り返すことによって、彼は自己の心情においてやはり蜂の死骸の与える静寂を強調していると思われる。夕暮のひっそりした風景のなかにただ一つ置かれた死んだ蜂の姿は淋しいけれど如何にも静かなのだ。作者の欲する静かさは、淋しさの奥にしかないのかもしれない。淋しさにたえることなしに本当に静かであることは出来ないものであろうか。作者の心は未だ一つに結ばない。淋しさと静けさを、それぞれに感じているのである。いうまでもなく好もしいものは静けさであり、好ましくないものは淋しさである。作者はこのときけっして、淋しさと静かさを越えた、言いかえると生死を越えた境界に在るのではない。問四の（ロ）よりも（ハ）がより作者の心情に近い理由が考えられていいわけである。

この問題の設問を通じて、出題者は二つのことを要求している。一つは文章表現の正確な理解力、他の一つは表現のリズムに感応する読者の心情のリズムである。後者は一般に鑑賞力と呼ばれる。しかし、入試現代文に関する限り、鑑賞力を見ようとする場合といえども、ある特定の答があらかじめ予定されていないはずはない。この事実は、出題者の置かれた立場を考えればすぐ了解出来るとともに、この種の設問に立ち向かう場合に常に忘れてならない要件である。受験者の求められているものは、決して特異な感受性や固有の感覚やではないのである。問題文に即して、万人の感得出来るはずの特定の享受が可能であるかどうか——これが出題者の立場なのである。したがってその正しい解決は受験者の感受性よりもむしろ判断力により多く依存すると考えなくてはならない。この本において、常に、文章表現における論理性の把握が強調されている理由の一つがこういう面にも見られるのである。

(29)　類題一

うららかに日のさす庭を眺めをれば土いぢりたく木を移しけり　窪田　空穂
高槻の梢に在りて頬白のさへずる春となりにけるかも　島木　赤彦
山すその枯木の道に鶯の来鳴く春べとなりにけらずや　佐々木信綱
芥子《けし》の莟《つぼみ》花になりおへ花びらに莟のときの皺残しゐる　木下　利玄
春の鳥な鳴きそ鳴きそあかあかと外の面の草に日の入る夕　北原　白秋
み冬つき春の来むかふ日の光ちかくて日に日に吾は歩まむ　古泉　千樫
うすべにに葉はいちはやく萌えいでて咲かむとすなり山桜花　若山　牧水
病みふせるわが枕辺に運びくる鉢の牡丹の花ゆれやまず　正岡　子規

以上は春を詠んだ現代短歌八首である。その批評の言葉八つについてどの歌にどの批評があてはまるかをよく考えて、指定の空欄にそれぞれの番号を組み合せよ。

（イ）病床にあってその身辺詠で殊に下の句は作者の主唱する写生に徹したところがある。
（ロ）感傷的ではあるが快いリズムを持った浪漫的な歌。
（ハ）春を迎えた病詩人のよろこびがおのずから三句切の表現となった。
（ニ）三句まで説明的であるのを四句は動的なもので承けて結句で歌い据えてある。
（ホ）この克明で精密な描写は作者の得意とする技法である。
（ヘ）万葉集の志貴皇子の「いわばしる」の歌の影響をいう人もあるが、この歌にはまた別の味わいがある。
（ト）平明な表現の中に春の来たのをふと見出してよろこぶ作者の姿があらわれている。
（チ）平凡な日常生活の描写であるが作者の心を軽々とさせ、そうしたことを為さしめたところに、春のよろこびがあふれる。

（26　北大）

短歌の鑑賞がどの程度出来るかを見たい――出題者の出発点がここにあったことは疑いをいれないところだと思う。しかしそれを、一首の歌に関して存分に書かせるという、正統的な形において判断するためには、出題者の時間的制約はあまりにも強い。出題者とはこのような矛盾を何等かの工夫によって調和させなくてはならぬ現実的必要に常に迫られているのである。その結果、出題者は、時間的制約の前に頭をたれて、一首ごとに一つずつの妥当だと考えられる鑑賞を自ら制作して、それを受験者に共感させるという形の設問に落着してゆく。だからこそ、受験者は、特に異を立てたり、一首一首を心血をこらして味わったりする必要はないのである。ごく当り前の鑑賞の前に素直に追随しさえすればいいのである。

(30)　例題五

イ　能面のこの特徴は、男女を表わす通例の面においても見られる。それは男であるか女であるか、あるいは老人であるか若年であるか、とにかく人の顔面を表わしてはいる。しかし、喜びとか怒りとかいうごとき表情は、そこには全然表われてはいない。人の顔面において通例に見られる筋肉の生動が、ここでは注意深く洗い去られているのである。

ロ　伎楽面がいかに神話的空想的な顔面を作っても、そこに表わされているものはいつも「人」である。たとい口ばしになっていても、われわれはそこに人らしい表情を強く感ずる。

ハ　A［　］この能面が舞台に現われて動く肢体を得たとなると、そこに驚くべきことが起ってくる。というのは、表情を抜き去ってあるはずの能面が、実に豊富きわまりのない表情を示し始めるのである。面をつけた役者が手足の動作によって何事かを表現すれば、そこに表現せられたことはすでに面の表情となっている。たとえば手が涙をぬぐうように動けば、面はすでに泣いているのである。

ニ　B［　］能面の鬼は顔面からいっさいの人らしさを消し去ったものである。これもまたすごさを具象化したものとはいえるであろうが、しかし人のすごさの表情を類型化したものとはいえない。総じてそれは人の顔の類型ではない。

ホ　C［　］この表情の自由さは、能面が［　　］ということに基づくのである。

(1)　右の五つの短文のうち四つの短文（イ〜ニ）は最後のホにつづくのであるが、それらをつないで最も論理的な一文とするにはどんな順序に排列したらよいか。符号でその順序を示せ。

(2)　その場合、空欄ABCの各々に次の語の中から適当なものをえらんでひとつずつ補え。

1　しかるに　　2　そうして　　3　ところで

(3)　ホの文の［　　］内に適当な言葉を補え。（和辻哲郎「面とペルソナ」28　駒沢大）

和辻哲郎の「面とペルソナ」の一節である。出題の形式はいわゆる整序式に充塡式の加味されたもので、出題者はこの一問によって受験者の読解力とその論理的思考力とをあわせ見ようというのである。

整序式の問題に対する態度としても、やはり与えられた各部分を通じて全体の主旨をはっきりとつかむことが先決問題である。接続詞の有無や位置、終止形か中止形かの文末のありかたや、句読点などからもある手がかりは得られるであろうが、それらは全体の主旨にそう範囲内で活用されるべきいわば補助的方法である。

全体を通読して、そこにのべられている主旨が、能面の非写実性が、能面の豊富な表情を生む原因であるという一事実であることを把握出来たものには、この問題はすでに解決されたのである。五つの文を通読して右の如き主旨をつかみ得るかどうかということが、したがって読解力の有無を物語ることになる。そして、右の論旨が一種パラドキシカルな性格を持っていることも同時に注目したい。「いっさいの人らしさを消し去ったもの」であるが故に、能面は、それをかぶった役者の手足の動作にともなって、「実に豊富きわまりのない表情を示し」得るという考え方のうちに、筆者の立場がはっきり見られるわけであるが、この論理を拡大すると、いわゆる東洋的無の概念にも到達してゆく。そしてそれは茶道・禅・俳諧等に共通して看取される論理で、その核心を一言にしてつくせば、有の究極としての無の理念である。そういう理念が、東洋、特に日本において著しい発展を見せているという歴史的事実は、やはりそういう理念につながる生活経験が、われわれの日常生活においてたえずくりかえされているということと無関係であるはずはない。手近な場面で考えてみたまえ。たとえばふろしきというものがある。それは一片の布にすぎない。定まった立体をもつ鞄やトランクに比して、それは何等の固定した形をもたない。そしてそこにこそふろしきが、内につつまれるものの形につれ、千変万化の立体を形成し得る契機が存するのである。

このように論旨を把握したものにとっては、(ロ)から(しかるに)によって(ニ)に、(ニ)から(イ)に、(イ)から(ところで)によって(ハ)に、さらに(そうして)を通じて(ホ)につらなって一文が完了してゆく筋道は、さほどの困難なくたどり得るであろうし、問(3)の答えが、「何等人らしい表情を表わしていない」という意味のことばであるべきであることも、すらすらと了解されるであろう。

(31) 類題一

次に示す(1)から(10)までの語句を組みたてて一つのまとまった文となるよう、その番号だけを□の中へ書き入れよ。(□省略)

（1）学問は　（2）学問が　（3）哲学が　（4）古代に於ては
（5）近世に至り　（6）未だ分化せず　（7）できてまいりました
（8）此等を統一する哲学という一つの専門が
（9）即ち学問と考えられていましたが　（10）色々に分化発展いたしますに従って
（西田幾多郎「「続思索と体験」以後」24　早大）

西田幾多郎の「「続思索と体験」以後」の一節である。整序式問題の典型としてかかげた。この問題を考える場合の鍵は、ギリシア時代においては、学問とは哲学のことであったという事実である。そして少し頭を働かせれば、このくらいの知識は、大学受験生たるものにとっての常識であることが知られるはずである。

三　受験者の立場を正しく反省することによって解決に導く方法

前章においてわれわれは、様々な制約の下に受験者の学力を看取しようとして様々に工夫する出題者の立場を考えた。今度は、そういう出題者の考察の対象たる受験者の立場を反省することとしたい。

既に述べた通り出題者の受けなければならぬ制約は、ことごとく入試に応ずる受験者の質と量から生じたものであった。出題者は勝手に自分の好む問題を課することは出来ない。それは受験者の高校卒業生という特定の資格によって引きおこされる質的制約であった。また出題者は、限られた短い時間内において答案を処理する必要に迫られている。それは受験者が定員をはるかに越して特定の大学に入学を希望することに由来する。いわば受験生の量から生じた制約であった。こういう事情を考えるとき、出題者を制約する諸条件は、やがて受験生を制約する諸条件となって帰ってくる。受験生諸君は、時間的制約に由来する出題者のさまざまな工夫に対応する必要に迫られ、出題者の考える高校卒業程度の学力というレベルまで、自らの学力を引き上げる努力を強いられることとなるのである。受験場は出題者と答案を通じて討論したり、研究しあったりする場所ではない。入学試験はいうまでもなく激烈な競争試験である。出題者の立場をよく洞察し、問題の要求するところにあくまで忠実に、一目瞭然たる形において自己の学力を明示するというのが、受験生の置かれた基本的な立場なのである。そういう自分の立場をよく反省することは、やはり、競争試験に臨むものの忘れてならない要件の一つであろう。明瞭な、過不足なき、安全な答案がその反省の上にはじめて書かれ得るのである。

(32) 例題一

明治の末葉は自然主義勃興の時代である。欧洲の新文学の影響をうけること多く、人生の真の描写を以て標榜する。独歩・藤村・花袋の小説に見るものこれである。劇といい、詩歌といい、すべて自然主義の洗礼をうけないものはなかった。わが国の文学史上未だ曾て見られなかったところの文学革新は、かくして行われたのである。人生の真の描写は、ともすれば人生の醜の剔抉となった。現実の凝視は理想の破却となる。かかる文学にのみ対するは堪え難い苦悩である。これを救済しようとするものが、現実と理想との一致の期待である。大正時代はそれに努力した。而も幾分の効果を揚げることが出来た。

1　自然主義文学の特性は何か。

2　「人生の醜の剔抉となった」とは、どういう意味か。

3　「かかる文学にのみ対するは堪え難い苦悩である」とは何故か。

（藤村作「国文学史総説」24　慶応大）

藤村作の「国文学史総説」の一部である。文章の内容をどの程度まで理解し得るかを見る問題である。三つの部分がその目的のためにぬき出されている。その限りにおいて何の奇もない極めて平凡な問題と云っていい。しかし、そういう一見平凡なもののうちにも、色々な問題点、様々なつまずきの石はひそんでいるのである。

（1）は自然主義文学の特性をきいている。受験者に、わが国自然主義文学に関する何等の知識のない場合はむしろ安全である。彼は、「人生の真の描写」とか、「現実の凝視」とか、「人生の醜の剔抉」とかいう問題文中のことばにたよって答案を作製するより他に方法はない。そして、事実それでいいのである。これに反して、自然主義に関して幾分の知識を持ち、興味をも感じていたものがあって、ここで、とうとう自己の知見を展開し、例えば、自然主義における人生の真とは、未だ生の歴史的社会的考察を欠いたものであって、正しい意味において人生の真ではなかったという風にのべたとする。（1）に対する例えばこのような答案は、あるいは出題者の認めるところとなって予期以上の成果を収めることもなくはないであろう。しかしその反面、出題者の意図に反したという理由によって、甚だしく低い評点を与えられる危険性も充分予想されるのである。それは少なくとも、「安全な答案」とは申しかねる。危険をおかすことは他の場合にゆずるがいい。入試の最終の目標は合格するに在る、過不足なき安全な答案をこそ心がくべきである。（2）（3）についても事情はもとより同断である。

(33) 類題一

めぐみを受ける　　　室生犀星

種を蒔《ま》いて置いたら
みんな生えて出て来た。
僕は感謝した

一粒のまちがいなく
からを破って飛んで出た
皆揃って声をあげているようだった。

右の詩をよんでその感想を四百字以内に記せ。

（25　お茶の水大）

出題者はもちろんこの詩を賞揚することを受験者に求めているのではない。どのように感じたかをたずねているのである。受験生は存分に自己の感慨を綴っていいわけである。しかし――しかしである。数多くの近代詩中から特にこの詩をえらんでその感想を求めた出題者の心中に、この詩の持つ素朴・健康・明快な性格は、高校卒業生たる受験生たちの詩的享受の度合いをたずねるにふさわしいという確信があったにちがいないという想像は、この場合けっして不自然でもなければ不合理でもない。受験生中にあって、詩を好み、ことに前衛詩をよろこぶものがあって、この詩の素朴・健康・明快な性格をとらえて、この詩の非詩性であると断定したとしたらどうであろうか。それが本質的に誤解であるということはもとより云えないわけではあるが、この受験生は、直面せる自己の立場を見失っているということは云えると思う。諸君は安全な答案を書かねばならない。

(34) 類題二

左の文章について設問に答えなさい。

文学が、他の諸芸術と同様に、社会現象であることには異論がないはずである。文学はけっして神秘ではない。なるほど、ある作家が、どのようにしてある作品を書きあげたかについては、当人にもよくわからず、もちろん第三者の推測も不可能だといえるであろう。もし(イ)それを知る公算がすくなければ、学問としてははなはだ薄弱な研究をやっていることになる。しかし、ある程度まで知りうるとすれば、それはもはや秘密ではあり得ないのである。それにしても作家の精神的な活動だけを見ようとすれば、文学評論としてはおもしろいものができるかもしれないが、学問としては、はなはだ頼りないことになるはずである。そこで、一体文学を学問的に見る必要があるかどうかという議論もでるであろうが、それとこれとは話がちがうのである。必要があるとかないとかいうのは、いう人の勝手であって、文学が明かな社会現象である以上、(ロ)それを科学的に研究することは当然可能であるし、また(ハ)それに異論をさしはさむ理由もないのである。そのような研究は、けっして文学の個性的な鑑賞をさまたげるものではない。社会学者が、自分の研究のために社会人でなくなることはあり得ない。

われわれ自身の感性的存在は、われわれ自身の知的活動によって、消滅するはずがないのである。もしそういう現象が起ったとすれば、それは当人の感性の薄弱を意味するだけの話である。

設問㈠　次の1、2の文にそれぞれA、Bのいずれを接続させるのが適当か。

1　文学が社会現象であるからといって、
{A　作家の創作過程の推測が可能だとはいえない。
{B　個性的鑑賞を妨げるものではない。

2　文学を学問的に見る必要があるかどうかという議論のでてくるのは、
{A　作家の精神的な活動だけを見ようとするからである。
{B　学問としての文学研究と文芸評論とを混同するからである。

3　われわれの感性が薄弱でなければ、
{A　社会学者が社会人でなくなることはあり得ない。
{B　感性的存在が知的活動によって失われることはない。

㈡　本文中の傍線の部分（イ）――（三）のさすものを解答しなさい。

（29　東京工大）

設問の（一）に関して、受験生の立場への反省を求めたい。それはこの場合は、筆者の立場＝出題者の立場を十二分に尊重し、その立場に自らも立って考えるべきだということを忘れないことである。1にはAもつながり得るし、Bも接続し得る。2の場合も、3の場合も同様である。そのいずれも接続し得る二つの中から一つをえらばなければならない。何によってそれをえらぶか。出題者の立場＝筆者の立場によってえらぶのである。自己の見識によってそれを決定すべきではないのである。

第三部　三つの方法の活用による入試現代文の実際的処理

われわれはすでに第二部において、筆者の立場、出題者の立場、受験者の立場という三つの立脚点のそれぞれに重点をおきつつ、これら相互の相関において、入試現代文を解いてきたのである。ただ第二部の記述は、その目標を三つの方法の解説に置いた。ここでは問題の実際的処理に重点を移して解説しよう。

なお、既にお気づきのことと思うが、第二部第一においては、例題類題の選定は筆者の立場の観点からなされた。特に知っておくべき立場のいくつかと、それに類似のものがとりあげられたわけである。第二部第二においては、出題者の立場、したがって、設問の形態に注目しつつ、例題・類題をえらんだ。第三部は第二部の場合と立場を変えて、問題文の表現の性格によって例題・類題をえらんでおいた。問題文の表現の性格に関しては第一部第三「入試現代文の範囲と性格」においてくわしくのべておいたが、次のように三つに大別して記述することとした。

（イ）　知的・論理的表現
（ロ）　印象的・心理的表現

（ハ）詩的・象徴的表現

こういう風に区分した場合、最も重要なものが第一類に属する問題群であることも、既に第一部でのべておいた。参照してほしい。例題一から四までが（イ）、五・六が（ロ）、七が（ハ）にそれぞれ相当する。

(35) 例題一

芸術が他の生活営為と関連を持つということは否定し得ないが、それらの営為の一部として成立し、それらに隷属するという風に考えるのは、一つの偏した人生観に過ぎないと思われる。物質的・精神的両面にわたり、人間社会には実に無数のいとなみがある。それらはそれぞれ別の目的を持っている。これら様々の目的を持つ営為の多くと結合しているのが芸術である。もしこれら数多の営為から発生し、これらの営為の目的に隷属しているものが芸術であるとすれば、芸術の目的も本質も雑多なものに分裂して、それは単なる技術というようなものに近づくであろう。もし芸術というものが他の生活目的に奉仕する一断片であるならば、もはやわれわれはそれを総合統一して芸術の名で呼ぶ必要を見ない。戦争なり宗教なり階級闘争なりの一部分として、それぞれの方面で考察してよいわけである。芸術という観点を解消すること、即ち芸術否定こそ当然とるべき態度である。しかし芸術というものを認める態度をとるならば、何か芸術といわれる統一したものを認めなければならない。それは様々な生活目的を結合しているところの、ある共通的な芸術的な特性というものに注目しなければならない。その特性を指摘するならば、必ず美的なものに到達するであろう。そして純粋に美的営為と認められるものは比較的文化の進んだ時代にならなければ出て来ない。蛮人や教養のない人間というものを考えるとき、芸術が他の営為の中に解消されるのは当然である。

一　右の文では芸術をどう観ているか。次の正しいと思う文の番号を○で囲みなさい。

（1）　芸術を否定している。

（2）　芸術は人間の生活営為として一つの技術に近い。

（3）　芸術的営為というものが本質的にある。

（4）　芸術は生活の営為目的である。

二　右の文には芸術否定という語句があるが、次のどれを条件としてのことであろうか。番号を○で囲みなさい。

(1) 様々な生活営為のための一断片にすぎないとするとき。
(2) 戦争や階級闘争の一部分とするとき。
(3) 文化人のみの持つ営為だからとして。
(4) 一つの偏した人生観だからとして。
(岡崎義恵「文芸学概論」28 群馬大)

筆者の立場の正しい把握を通じて現代文の読解力をみる問題。入試現代文の主流を占める論理的表現の一例である。

(一) 筆者の立場 問題文は「芸術の本質は何か」をテーマとしている。筆者は、芸術を他の生活目的のための手段と見るか、芸術的ないとなみそれ自身が一つの目的を持つものと見るか、という二つの相反した観点をあげている。換言すれば芸術観には「生活のための芸術」という観方と「芸術のための芸術」すなわち芸術至上主義の立場があることが指摘されているのである。筆者自身については冒頭に芸術と他の生活上のいとなみとが「関連を持つということは否定し得ない」と述べた後で、芸術が他の生活営為に「隷属するという風に考えるのは、一つの偏した人生観に過ぎないと思われる」と言い、さらに「これら数多の営為から発生し、これらの営為の目的に隷属しているものが芸術であるとすれば、芸術の目的も本質も雑多なものに分裂して」単なる技術に近づくと言っていることから、芸術至上主義に立つと考えられる。

（二）　設問について　設問は何れも客観的テストで筆者の論旨の展開のしかたを正確にとらえれば解決は容易であろう。一、二とも四個の選択肢のうち一つが正解である。問題文で「芸術否定こそ当然とるべき態度である」と断言されている。しかしこれはその前をよく読めば「芸術というものが他の生活目的に奉仕する一断片である」という立場に立つことを前提としての結論であって、筆者の立場そのものの説明ではないことが明らかである。設問一の（4）はかなり誤りやすい。考えようによっては芸術も他のいとなみと同じく人間の目的追求の努力の一つだと云ってもさしつかえない。しかし筆者は、人間の求めるものを「真・善・美」としたとき、「生活のいとなみ」は善を求める行為であり、芸術のいとなみは「美的なものに到達する」ための努力であると考えている。したがって（4）は正解とすることができないのである。設問二の四つの条件のうち、後の二つは問題文の論理構造から考えて捨てられる。残ったもののうちで（2）は芸術が「様々な生活営為の一断片にすぎない」とされる場合の例としてあげられたもので、芸術否定の条件のすべてではないことに注意しよう。

（三）　受験者の立場　人によっては必ずしも筆者の芸術観に同調しない場合もあろう。しかし出題者は決して受験するものの意見を求めているのではない。設問の意味をよくつかんで解答をしなければならぬ。

(36) 類題一

現実は痛切である。あらゆる甘さが排斥される。現実は予想できぬ豹変をする。あらゆる平衡は早晩打破られる。現実は複雑である。あらゆる早合点は禁物である。それにも拘わらず現実はその根底に於て常に簡単な法則に従って動いているのである。達人だけがそれを洞察する。それにも拘わらず現実はその根底に於て常に調和している。詩人だけがこれを発見する。達人は少い。吾々凡人はどうしても現実に捉われ過ぎ表層しか見ることができない。そして現実の様に豹変し、現実の様に複雑になり、現実の様に不安になる。そして□の背後により広大な□の世界が横たわっていることに気づかないのである。□の外にどこに□があるかと問うことなかれ。□はやがて□となるのである。

1　この文章の□の中にそれぞれ次のどれかを充て、全体の文章がよく通るようにしなさい。

現実　真実

2　この文章は四段から成っている。その切れ目を指摘しなさい。

3　この文章の中にあって、明らかに反対の意味をもつと思われる語を、三組あげなさい。

4　次の三項のうち文章の標題として最も適当と思われるものの上に○をつけなさい。

　イ　達人と詩人　　ロ　現実と真実　　ハ　不安と調和

5　めいめい最近の経験をかえりみ、次の題意を最もよくあらわしていると感じた事がらを簡明に述べなさい。（新仮名づかいを用い句読点をうつこと）

　題　現実は予想のできぬ豹変をする。　（湯川秀樹「目に見えないもの」26　日女大）

（一）　筆者の立場　現実に対する吾々の態度について筆者は語っている。現実は「表層」において「豹変」し、「複雑」であるが、その「根底」においては「簡単な法則に従って」おり、「常に調和している」とする筆者のみかたを読みとることが大切である。達人や詩人は現象の奥にひそむ本体を見出すことができるけれども、「吾々凡人は」現象の複雑さ、変わりやすさに眼を奪われて、不安に陥りやすい。それ故「現実の根底」をなす世界を求めることが人間にとって重要な意味をもつ。その世界を筆者は「真実」と呼んでいるのである。

（二）　設問について　1から4までは何れも読解力をみる問だが、この中で筆者の立場を把握するためにはまず2から解決する必要がある。四段に区切られると断わってあるのは親切な出題の仕方で、この種の問には幾段に分かれるのか明示してない場合が多い。5

は異色ある出題、構想・表現の力をみる問だが、その根底にはやはり命題の意味の確実な理解が必要である。

(三)　問題解決の実際　全文の論理的構造をよく分析して、四段に分けてみる。内容から考えて、現実の複雑多様さということ、現実の「根底」、及びそれを見究めることのできる人間、普通人の現実に対する態度、筆者の主張、という風に分けられよう。

1は第一段から第三段までの論旨を理解すれば、「現実の根底」→「真実」というように結びつけられるだろう。それができれば4の解答もきまってくる。

3は「明らかに反対の意味をもつ」語と条件がつけられている点に注意する。現実と真実とは反対概念のようにとられやすいが、また使用者の意識のなかで同一線上に対立されている場合もあるが、この文章ではそうではないことが、筆者の立場をよく考察すれば了解されるであろう。

5は各自に試みてほしい。

(37)　類題二

左の文を読んで、どの点が最も強調されているかを考え、あとの項目中より一つを選んでその番号に○印をつけなさい。

文学史が科学性を獲得するためには、先ず何よりも他の科学の構造を模倣するのを断念することから出発しなければならない。実験室の科学にとって現実的であるすべての方法も、文学史にとっては比喩的なもしくは理想的な意味のものでしかあり得ない。詩的天才の分析と砂糖の分析とはその名前のほか何等共通のものを有しない。模倣によって維持される文学上のジャンルと生殖によって存続する生物の種とを同一に見るということは純粋に名目的意味のものである。自然科学において「方法」であるところのものも、これを文学史の領域へ移入するならば「体系」になってしまう。文学史が自然科学から取り入れるべき唯一のものは、その精神である。ある学者は次の如く言っている。

「ひとは永い間或る一定の科学の方法を、それが正確な結果に導いたという理由で、科学的精神そのものと混同して来た。外的世界に関する科学がこのようにして科学の唯一のタイプとなったのである。しかしながら物理科学と精神科学との統一ということは要請であるに過ぎない。」在るのは、あらゆる学者にとって共通な自然に対する精神の一個の態度である。我々が文学史の研究に取り入れねばならぬこのような態度というのは、利害を離れた知的関心、仮借することなき誠実、勤勉なる忍耐心、事実に対する態度、批評と吟味と検証の絶えざる要求である。

1 文学史の科学性は自然科学研究の方法によっては獲得されない。
2 自然科学の研究方法は文学史研究に於ては単に比喩的なものに過ぎない。
3 文学史研究に於ても自然科学的研究の場合と共通な精神の一個の態度が要求される。
4 文学史研究は到底科学的精神には堪え得ない。
5 文学史は自然科学より科学的精神を取り入れることにより科学性を獲得する。
6 自然科学と精神科学との統一は単に要請であるに過ぎない。

（三木清「文学史方法論」26 津田塾大）

㈠ 筆者の立場 文学史（一般的には精神科学）研究に於ける「科学性」はいかにして得られるか、という主題をとりあげている。それに関して、筆者は、「科学的方法」と「科学的精神」の混同を指摘し、自然科学的方法をそのまま文学史研究に応用するのは誤りであって、文学史研究には独自の方法がある、ただ両者はその精神態度において共通性をもつと考える。

㈡ 問題解決の実際 設問並びに考え方について、筆者の「最も強調」する点が問われていることを念頭におく必要がある。出題者は、筆者が「何を言っているか」ではなしに、「何を言おうとしているか」に対する答を要求しているのである。それは筆者のとらえた主題の探究ととくに密接に関係してくる。

全文を、問題提起——問題提起の意味——筆者の主張——主張の具体的な説明、に分けて考えてみれば、選択の方向も自ら決まってくると思う。

(38) 類題三

読書は体験を予想する。自ら真剣に生活し真剣に思索している人に取ってのみ読書は効果がある。読書は吾々の思索と体験とを補うことは出来るが、これに代る事は出来ない。読書の意義を考える時、吾々は第一に此のことを記憶して置かなければならない。若し人が一冊の書物でも之を本当に理解しようと思うならば、唯之に嚙り附いたり、之と睨めっくらをしたりしているべきではない。仮令其の人が之を読返し又読返して、一生其の書物を手から離さないにしても、若し其の書物の根本問題を自己の問題とする事を知らず、其の書物の背景になっている人生の体験を自ら体験する事を知らず、又著者の思索の努力を自己の中に繰返す事を知らないならば、唯小僧がお経を誦む時のように、其の書物を暗誦するのみで、其の人の生活は之に依って豊富にも力強くも高くもならないであろう。寧ろ無用の記憶は其の頭脳を硬くして、読書は平生の愚を一層愚にするに過ぎないであろう。読書の意義を考える者は、先ず其の価値の限界を考えなければならない。吾々に取って最上の意義を持っているのは生活であって、決して読書ではない。此の間の関係を顚倒して読書に無条件の価値を置くのは、寧ろ読書から其の正当な価値を奪う所以に過ぎない。

1　右の文の文題としてもっとも適当であると思うものを次の中から選んでその上に○印をつけよ。

イ　読書の利害　ロ　読書と思索　ハ　読書の意義　ニ　読書と人生

2　「読書は体験を予想する」とはどんな意味かわかり易く説明せよ。

3　読書の価値の限界について述べよ。　（阿部次郎「読書の意義と其の利弊」25　山口大）

（一）　筆者の立場　「読書の意義」を問題にし、読書が人間にとって真に意義あるものとなるためには読者自身に切実な人生の体験に基づく問題意識がなければならぬことを強調する。読書すること自体を目的とし、それに「無条件の価値を置く」ような態度を排し、人生を豊かにするために読書することに意義を見出しているのであって、例題における筆者とちょうど逆の立場をとっている。

（二）　問題解決の実際　設問1のように標題を選ばせる設問は、筆者が何を問題にしているのかを、よく考えて選択を行うようにする。

設問2の書き方にはいろいろあろうが、単なることばの置き換えでなく、筆者の立場をよくとらえた上での説明でなければならぬ。（一）に述べたことを参考にして各自に試みて欲しい。設問3を考えるに当っても、問題文に則した出題であることを忘れてはならない。出題者は諸君の見解を求めているのではなく、筆者の論旨を正しく理解しているかどうかをみようとしているのである。

(39) 例題二

教養というと、新聞雑誌やさまざまな書物から得た雑然たる知識をもっていることを意味すると一般に考えられていはしないだろうか。もし教養がそういうものならば、人間の真の力とはなるであろう。私の考えでは自己の生存から遊離した雑駁な知識ではなくて、心にしみ込んだ知識である。血となり肉となった知識だから、私達の真の力となり、私達の一々の行動において、否、私達自身において表現されないわけである。もと教養とは（1）（　　）ことである。随って耕され開発された心を教養と言い、そういう（2）（　　）された心の持ち主が教養ある人と言わるべきである。

人間は一般に正しきこと、善きことを希求する。けれども何が正しきかを一々の場合(3)(　　)判断することは容易ではない。もし私達の善しと考えることがいつも善いならば、人生は比較的容易だと言えない。しかし善しと考えることが善くない場合のあることは、何人も体験するところであろう。そこに人生のやさしさがある。むずかしい故にまた生き甲斐があるとも言える。善しと考えたことを真に善くあることに適中させるのは教養である。すなわち教養は、事実についての正しい判断力として、正邪善悪の鋭い感覚として(4)(　　)な趣味性として現われる。教養ある人は極端な考え方をしない。事がらの(5)(　　)を捕える思慮をもつからである。

(一) 右の文の(　　)の中へ、右にならべてある語の中で適当するものを選んで書き入れよ。

(1) 文化という、勉強する、学ぶ、体験する、耕す
(2) 開発、耕作、洗練、錬磨、尊重
(3) ゆっくり、色々と、確かに、早く、たちまち
(4) 建全、健全、健康、顕然、尊重
(5) 良策、最良、善悪、中、位置

(二) 右の文中に意味が反対であって論理のあわぬところが四つある。この部分に——を

つけ、その右に三字以内のかなでこれを訂正せよ。

（天野貞祐「教養ということ」26　滋賀大）

筆者の論旨の展開のしかたの把握を通して現代文の読解力をみる問題。

この種の問題では文章から直ちに筆者の立場を明らかにとらえることが難しい。したがって個々の文を詳しく吟味して、前後の文との意味の連関を検討していくことが大切である。同時にこの方法で次第に明らかになる筆者の立場から、自分の解釈を検討し補正していくことも忘れてはならぬ。

（二）　問題解決の実際　まず問題文のテーマは何かというと、それは冒頭において「教養」ということであると分かる。筆者は教養が「雑然たる知識をもっていること」いわゆる「物知り」という意味に解されることに否定的な態度をとっている。そしてその後に「私の考えでは」と前置きして、教養とは単に物事を知っていることではなく「心にしみ込んだ知識」であり、「血となり肉となった知識」だと言い切っている。それこそ「人間の真の力となる」のであり、人間は自己の存在のしかたにおいてそれを活かし表現するのである、といわねばならぬ。これで筆者の教養に対する見方の一端がうかがわれよう。

（1）では教養という語の本来の意味がとり上げられている。「随って耕され開発された心を教養と言い」と述べられている部分に注目すれば（1）と（2）の解決は容易にできる。俊敏な頭脳の持主なら、教養＝culture→cultivateという想像を働かせることであろう。身についた知識を持つためには開発された心がなければならないのである。

（3）の場合は判断という行為で最も重要なのは「確かさ」である点に注意すればよい。特別な事態の下ではゆっくり判断したり、早くあるいはたちまち判断することもあろうが、ここでは一般的な意味で判断するという語が使われているのである。

確かな判断が容易でないから、正や善を希う心と現実とはなかなか一致しない。もし一致するならば人生は容易だと言えるはずである。

自分が善いと判断した通りに主張し行動して、それがいかなる場合にも通るならば人生は容易だが、そういかないから「むずかしい」のである。筆者も人生は「むずかしい故にまた生き甲斐があるとも言える」と書いていることに注意しよう。

この困難な人生にあって、人間の正確な判断を支えるものが筆者のいう教養に他ならぬ。

（4）は選択語群を検討すると、熟語として一般に使われるのは「健全・健康」の二つであることに気づく。出題者の狙いに漢字力をみるということが含まれているとも考えられるが、語数を揃えるために無理をしているという感じがする。

趣味がかたよらず適正であるときの表現として、比喩的な意味で「健康な」ということもあるが、普通には「健全な」が使われる。入試問題の解答としては素直に受けとることのできる言い方を選ぶべきであろう。出題者の「適当な」という条件はそこにも関係してくると見てよい。

(5)は「極端な考え方をしない」という筆者のことばから推察する。

筆者は「教養」の皮相な解釈に対して、もっと深くそれを考察し、真の意味の「教養」とは何かについて自己の考えを明らかにしているのである。

(40)　類題一

つぎの文中の□中に、左記の語句の中で適当と思うものにつき、その語句の番号を記入せよ。

科学的精神を強調することは決して抽象的な科学主義を主張することではない。□はどこまでも合理を探究する精神であると共に、常に□とを忘れないものでなくてはならぬ。謙虚、懐疑を忘れる時は、科学的精神はむしろ□になる。この点においてわれわれは□を反省してみる必要がある。懐疑論にはもちろんいろいろあるが、そのうちには、独断に対して□し、たといみずから積極的に

□を発見するまでには至らないまでも、少なくともそのために□が少なくないのである。科学者は独善家ではなく、□を常に反省するものでなくてはならない。科学者に□のあることもここから考えられる。むしろ真の科学者は常に□であるといってよい。

1合理　2不合理　3既成の原理　4懐疑と謙虚　5努力家　6科学的精神　7世上の偏見　8懐疑論　9宗教的な人間　10独断論　11独善家　12懐疑　13恒常性　14道を開いたもの　15敬虔

（加茂儀一「科学的精神」25　東教大）

（二）　問題の解決と筆者の立場　前問と同じく、「科学的精神とは何か」というテーマについて筆者は性急な常識的解釈の一面性を指摘し、根本から問題に迫ろうとしている。

科学的精神はたしかに合理性を重視するが、吾々の理性の能力を批判せずに、合理性のみを主張すると独断論に陥る。だから理性そのものの批判が必要であり、その意味で懐疑論のもつ積極的な役割を正しく評価すべきである。理性を超えた事実の存在をいたずらに排除せず、謙虚にそれを認め、適切な解釈のつくまで懐疑し、そこから真の意味の合理性をひき出す。これこそ本当の科学的精神でなければならぬというのが筆者の考え方である。

(41) 例題三

人生はあくまで合理的に生きられなければならない。しかし「合理的に生きるとは」リチャーズのいうように、「理性のみをもって生きることではなく、理性、すなわち全体的状況に対する透徹した充実した感覚が、これをよしとするがごとき仕方において、生きることなのである。」そして、そのように生きるとは、人生をもっとも充実した仕方において、——理性も悟性も感性も、そして身体もふくめて□に——生きることである。してみれば感情生活の重視は当然のこととして、さらに、人生に強いインタレストをもち感動しうる心なくしては、よき行動はなく、したがってよき人生のありえないことは、明らかであろう。ところが人は理性の増強と知識の増加については、常にこれを力説するが、そしてそれはいかに力説しても十分とはいえないが、しかも（A）この二者のみをもってしては、人間はついに行動に出ることは不可能なのである。よき行動とよき人生を生み出すためには、さらに人生にインタレストをもち、感動しうる心と、常に新しい経験を作りだす構想力とが必要である。ところが人は（B）この二者の重要性を忘れ、その正しき養成をややともすれば怠りがちである。しかもこの二つのものなくしては、明日のよき生活の建設は決してありえないのである。そしてこれらに糧を与え、これを養成するものが、他ならぬ文学である。これ以上人生に必要なものが、又とあるだろうか。

設問1　次のイ、ロ、ハ、ニのうち、右の文の要旨に最も適当するものを○印でかこめ。

イ　文学が成長し、活動しうるのは、インタレストのひろい発動が可能であるところにおいてのみである。

ロ　文学とは人間生活における論理的な組織的な考察をのべるものである。

ハ　あらゆる人生のよき行動を準備するもっとも大切な要素は文学によってつちかわれる。

ニ　文学と人生との関係を、静的に図式的に考えることは、大して意味がない。

2　右の文中傍線をひいた個所の「この二者」は何を指しているか。

3　右の文中の［　　］の中に次の各項目中適当なものを記入せよ。

a　全的行動的　b　知的観念的　c　美的浪漫的

d　禅的宗教的　e　動的感情的

（桑原武夫「文学入門」26　高知大）

現代文の読解力をみる問題。

(一)　筆者の立場　全文を通読して始めて筆者の意図は人間の生き方に対する文学の役割を明らかにすることにあるのが理解される。筆者によれば、文学は「人生にインタレストをもち、感動しうる心と、常に新しい経験を作りだす構想力」を養うものである。

では、そのような文学が何故人生にとって重要な意味を持つのであろうか。この点を説明するため、筆者は人生の構造を示すのである。

人生とは理性的な要素、感性的な要素、身体的な要素のすべてが綜合された一つの「全体的状況」である。しかも人生を「生きる」ことは行動なのであって、単なる理解に終るものではない。それを筆者は人生の考察において強調する。行動は「人生に強いインタレストをもち感動しうる心」なくしては生まれない。

ところが、一般に人生を論ずるとき、人は知的な側面のみを強調し、よき行動をうみ出す根源をあまり重視せず、「その正しき養成をややともすれば怠りがちである」と筆者は指摘している。文学は文学、生活は生活、という態度はそこから生まれると考えられる。

筆者はもちろん人生における理性の働きを重視する。が、それのみが人生のすべての問題であるとして、文学の意義を軽んずる立場の欠点をつき、その反面を強調しているのである。

(二) 問題解決の実際　設問の何れも右に述べた筆者の立場の把握ができれば解決は容易であろう。ただ1の四項目のうちでイとハの選択に多少迷うかも知れない。しかしイは問題文の要旨から導き出される考え方であって、ハの方が要旨としては適当であると思う。

(42) 類題一

左の論文の構造がすぐわかる様に、重要な文章五つ乃至六つに傍線を引け。

若人達の現実観はたしかに一面的であり、彼等の現実蔑視は疑いもなくいわれないものである。彼等の現実感覚は一層深められ広められなければならぬ。彼等は「現実」に最も切実な関心を抱くことを、運命を愛することを学ばねばならないのである。しかしこれは決して世界観への要求の放棄を意味しない。反対に、現実に関心しこれに徹するときに、却って真の意味の世界観の問題があらわれて来るのであり、現実の苦闘の中から滲み出た世界観こそが、却って単なる観念ならざる現実としての思想である。観念としての世界観は一つの遊戯であり甚しい場合には自己欺瞞にすぎないのであるが、真の世界観は現実より生れたものであるが故にそれ自ら一の現実であり、我々を衷より動かし現実を形成する力を有する。単なる観念でも自己欺瞞でもない現実としての世界観は現実からの逃避を通じてではなく、かえって現実に徹する態度を通じて、現実の中から生み出されるのである。それ故に若き世代の現実感と世界観への要求は、分離のまま放置さるべきではなく、有機的に結合されねばならない。思想は生活と一体化しなければならない。思想は生活を通じて摑まれねばならず、生活は思想によって形成されねばならない。かくしてはじめて生活はその名に値する生活となり、思想は真の思想となる。このときにはじめて期待される新しき人間性が生誕するのであり、若き世代の使命が達せられるのである。

（木村健康「若き人々とともに」26　北大）

（二）　筆者の立場　人はいかに生きねばならぬかという問題をとり上げ、思想と生活の一体化の必要を若い世代を対象にして説いている。

最初に若人達の世界観への要求と現実感覚との乖離という傾向を問題にし、「現実」に切実な関心を抱くこと、運命を愛すること、を要求する。しかしこの要求は筆者の立場からすれば決して世界観を求めないということを意味しない、と論旨を転じ、筆者の立場を明らかにする。現実をみつめ、それに徹し、それと闘うことによって得られた世界観こそ真の世界観であり、観念の遊戯や自己欺瞞に終らぬ確実さを有するのだ、というのが筆者の見方である。この立場から再び主題に対する自己の主張を確認し、「かくして……」以下で結論を述べている。

このような論旨の展開過程を把握することにより、設問の解決が見出される。各自に試みてほしい。

(43) 類題二

文化は歴史的に成立するもので、氏族から始まって、民族の文化、国民の文化へとそれぞれ特殊の性格をもって発達する。そして高度の文明状態のもとにおいては、社会的の分化が激しくなるとともに、さらにこまかく生活の分化にともなう特殊の文化形態が同じ民族、同じ国民の間に持たれるようになる。しかし、最も高い文化は、そのような社会的文化を通じて総合的に成立するものなので、人間共通の心理の高度の発達を動機としてあらゆる民族や国民に共通の性格を持つものとなって、国際的・世界的な文化をして発展する。かくして文化には一般性と特殊性の二つの面があるので、民族的の、または国民的の、そうしてさらにこまかく分化された社会的の特殊性があると同時に、その特殊の性格自体が国際的に、世界的に共通の心理に訴える力を持っているのである。

文化の具体的な形象は、どんな特殊なものでも、人間的に共通に訴える感覚情操よりは、むしろ民族や国民や個人やによるその特殊な持ち方、その独自の表現形式そのものにあるので、それがないならば、人間的に万人に訴える力もない。だからあらゆる文化形態を通じて、最も人間的なものは最も独自なものであるというパラドックスが必然的に成立する。

（問）次の文において右の文章の主旨にかなっているものには○、主旨と相違するものには×をつけよ。

1　文化は民族の特殊の性格をもって発達する。
2　同じ氏族においてはその特殊の文化形態は常に同じように持たれる。
3　人間共通の心理の高度の発達は特殊の文化をして共通な性格のものたらしめる。
4　最も高い文化は人間共通の心理より以上の力によってなるのである。
5　文化の具体的な形象の中には人間的な力は内蔵していない。
6　個人の特殊な感覚には万人に訴える力はない。
7　前段の「文化の特殊性」とは後段の「最も独自のもの」に相当し、「文化の一般性」とは「最も人間的なもの」に相当する。

（長谷川如是閑「日本の文化的性格と万葉集」29　東教大）

（一）　筆者の立場　文化のもつ特殊性と一般性との関係を論じたもの。この矛盾する性格が、文化の発展過程を考察すると、決して相反するものでなく、一方が強調されること自体がとりもなおさず他方を強めることになるという相関関係をもつとする。すなわち、筆者は前段において文化は氏族・民族・国民・さらに細かな社会的、生活的分化という歴史的発展に応じてそれぞれの社会の特殊性を発達させる。同時にそのような社会形態の発展は人間共通の心理を高度に発達させるため、文化の世界性、国際性も増してくると説き、後段で特殊性を十分発揮することがかえって、その文化を「人間的」にし、普遍性を獲得すると考えている。

（二）　問題解決の実際　設問の七箇条のうち1から4までは前段の論旨に、5以下は後段の主旨に関係した文であることに注目して検討すれば解決が早い。

(44) 例題四

文学史に関しても、真の歴史は発展的歴史でなければならない。しかるに、自然的批評の関心するのは個々の作家や個々の作品であって、それを発展的に、他のものとの連関において観察するということはこの種の批評の最もおこたりがちなことである。従って、この種の批評家が歴史を書こうとする場合、歴史は物語的歴史になりやすいであろう。作家的批評は主として創作の見地から、他の作家や作品を批評する。それゆえに歴史がこの種の批評に結びつくとき、歴史は教訓的乃至実用的歴史となりやすいということがあろう。歴史と批評との間には一致しがたいものがあるように思われる。歴史と批評との差異は発展的に見るか否かということにあると考えられてよいほどである。ただ専門的批評はこのような歴史とも結びつきうるようである。この批評は作家や作品の間の連繫を構成することを主眼としている。しかしながら、連繫を構成するということは、かならずしも発展的に捉えるということではない。発展というものは、外からでなしに内から理解されるのでなければ、真に理解されることができない。そして、物を真に発展的に捉えるためには、それを現在との関係において、また未来との関係において捉えなければならない。真の意味で発展的に、従って過去を現在との関係において捉えるためには、批評は何等か創造的でなければならず、かくの如き創造的批評を含んだ文学史にして、真に発展的歴史といわれうるであろう。

右の文章をよく読んで、次の設問に答えよ。

設問　次に（1）から（10）までの番号を附してかかげた文章は、すべて前掲の文中（A）自然的批評（B）専門的批評（C）作家的批評のうち、いずれかについて説明したものである。その（A）（B）（C）のそれぞれに該当するものの番号を解答欄に記入せよ。

（解答欄は省略）

（1）この批評は主として未来の文学に関心をもつ。

（2）この批評は、一般読者、特に教養ある読者およびその直接の代弁者によってなされる批評である。

（3）この批評はほとんど教授たちの特許となっている。――いわゆる教授たちにとってはだいたいその読書の世界が現実の世界のようになっている。

（4）この批評は主として現在の文学に関心をもつ。

（5）この批評はいうまでもなく創造するものの批評である。

（6）この批評は、本を読み、その中から普遍的な教説を引き出し、あらゆる時代、あらゆる国の書物の間に一社会を形成することを職業とする人々の批評である。

（7）この批評は主として過去の文学に関心をもつ。

（8）この批評は、作家自身が自己の芸術を反省し、またアトリエにあって他人の作物を考察するときに生ずる批評である。

（9）批評であるこの批評は民衆の間における「話される批評」であり、新聞人などはかかる批評の書記であるかのような意味を有している。

（10）この批評は現代の文学に対してほとんど無力である場合が多い。

（三木清「文学史方法論」29　大阪市大）

論理分析の力をみる問題だが、例題二の場合と多少趣きを異にし、文章の論旨を構成する個々の要素が明確に理解されているかどうかに出題者の重点がおかれている。

（一）　筆者の立場　文学史研究における批評と歴史との関係を論じ、文学史のもつ歴史性は発展的でなければならぬという立場を説明するために三種の批評方法を検討している。これら三種の批評は何れも筆者のいう発展的歴史性とは真に結びつき得ず、「物を現在との関係において、また未来との関係において捉」えようとする「創造的批評」のみが結びつき得るとする。

そこで、筆者の考える三種の批評の性格とはどのようなものだろうか。それを考えることが設問に答えることに他ならぬ。

筆者はこの問題を歴史性、すなわち対象を「発展的に見るか否か」、「他のものとの連関において観察するかどうか」ということを基準にして考えている。

この見地からみると自然的批評は全く他とのつながりを考えず、対象を個別的にとらえて批評している。

作家的批評は作家が自己の創作方法との関連において、自己の創造のエネルギーの糧を得るために、他を批評するという意味で関連性を持ち、未来性を持っている。しかしこの場合は見方がある作家の自己を中心にし、創作的な面に限られているから、文学史における歴史性とは結びつくことが出来ない。

専門的批評は個々の作家や作品の間のつながりを見出すことを目的とするけれども、「連繋を構成するということは、かならずしも発展的に捉えるということではない」。過去の作家や作品の影響関係を調べその系譜を整理するというだけでは、筆者のいう「発展的」な見方ではないのである。それは、批評する者の切実な現代的関心から生まれ、未来の新しい文学の創造を意図した批評でなければならない。

以上に解説したように、筆者は主題に則して、三つの異った立場を掲げ、それを自己の見地から検討することによって、自らの立場を明らかにしているのである。

この種の問題を解決するためには、問題文の中にとり上げられている幾つかの立場なり、段階なりの特性を確実に理解し、各々を混同しないようにせねばならぬ。

(二) 設問について　十項目の説明のうち、(1)(4)(7)は時間との関係において、(10)を除いたその他のものは批評主体をとり上げて説明している。(10)のみは批評の影響力を問題にした文である。この点に注目して考えれば解決が早くできよう。

(45) 類題一

次の文章の論旨にかなっていると思われるものを、左記の箇条の中からえらんで、その番号を○でかこみ、そうでないものを△でかこみなさい。

理論は常識に対して、第一には提出する問題の根本的なことにおいて、第二には提供する知識の正確と豊富とにおいて、第三にはその知識が体系をもつことにおいてまさる、という点で比較される。しかしこれらの相異は、まだ両者の根本的差異を明らかにするものではない。なぜならば、以上の諸点のうち第一、第二の点は主として程度の相異にすぎず、第三の点についても常識には全然知識のシステムがないとは考えられないからである。それゆえに、両者の相異を決定するものは単なるシステムの有無ではない。それはむしろ、この知識体系の性質である。そして、ここに確かに重要な相異があることをみる。

1　理論は常識に比較して、提出する問題がより根本的である。
2　理論は常識に比較して、知識が正確である。
3　理論は、提出する問題が根本的であるという点において、常識との間に根本的な相異がある。
4　常識的な日常の判断においては、全く知識の体系がない。
5　常識は、知識体系がない点において、理論から区別される。

6　理論と常識との重要なる相異は、それぞれの知識のシステムの性質に存在する。

7　理論と常識との根本的差異は、理論の提供する知識のほうが体系をもっている、という点にある。

8　理論の提供する知識のほうが常識の提供する知識よりも豊富であるというのは、単に程度の差にすぎない。

9　提供する知識が正確であるというだけでは、理論の常識に対する根本的な相異は明らかでない。

（26　早大）

㈠　筆者の立場　理論と常識との相異を論じている。まず両者を比較するとき一般に言われる三つの点をあげ、第一、第二の点は認めるが、しかしそれは程度の差であり、第三点は肯定できぬと批判し、何れも本質的な差を明らかにしていないことを指摘する。そして最後に両者の「知識体系の性質」そのものが違うという点を述べることによって自身の立場を示す。

㈡　設問について　出題者の示した九箇条のうち1から5までは一般的な理論と常識の比較に関したもの、679は両者の根本的な相異に関したもの、8は一般的な比較論に対する筆者の批判についての言及である。

㈢　問題解決の実際　1から9までの文がそれぞれ問題文のどの部分に関したものか

をはっきりと識別することが大切である。これらの文は表現が似かよっていて、混同しやすいから落着いて読まないと思わぬ誤りをおかす。例えば2と9とは何れも論旨にあっているのだが、9では2の命題が否定されているように読まれて9に△をつけてしまうという工合に早合点することを戒めねばならぬ。また筆者は文中に「根本的」という語を二度使っているが、この使い方が違うことをよくわきまえておかないと3の文などを間違って解釈するおそれがある。

1、2は筆者が条件づきで認めている。3は「根本的な相異がある」と肯定する点で筆者の立場に反する。4は問題文の「常識には全然知識のシステムがないとは考えられない」という部分と、5、7は同じく「両者の相異を決定するものは単なるシステムの有無ではない」という部分と、対照してみれば何れも論旨にあわぬことが理解される。689もそれぞれ同様にして、筆者の観点との一致が見出される故肯定できる。

なお出題者は番号を○ないし△で「かこむ」ように要求していることを忘れてはならない。つまらぬことのようだが、その辺の細かな配慮も入試の際には大きく影響するから、注意しておく。

(46) 類題二

次の文について問に答えなさい。

幼年時代は友ができるにはあまりに幼稚すぎる。竹馬の友は美しい回想の種ではあろうとも、真の友ではない。中年になってからは、世俗への関心が余りに身にまといすぎる。だから事業の友、利益の友、趣味の友はできるかも知れないが、真の友はできにくい。こうしてみると、或る時期以後でなければならず、また或る時期以後であってはならない。男性は莫逆の友を持つが、女性にはそれが稀であると言われるのは、男性は高等教育を受ける機会が多いが、女性にはそれが少いからである。しかし学生であるというだけで友ができるのでないのは言うまでもあるまい。友のできるのは自覚した学生だけである。自己に眼覚めた時彼は普遍性に眼覚め、同時に特殊性を意識する。かかる学生のみが友を求め、また友として求められる。だから友を持つことは我々の誇りである。友を持たないことは我々の恥である。ところで、自覚した学生のすべてが友を持ち得るとは限らない。自覚した学生は、知において意において情において、全からんことを望むであろうが、彼等はまだ自覚の初期にあるから、或いは知に偏し、或いは意に傾くかも知れない。そこで友を得るには、すでに豊かな情操を持ち合わせて、呼べば応える人を求めるものでなければならない。そして友を得た暁に、更にその情操が豊かにされる。あたかも芸術的活動における美的イ［　］と似て、すでに美的ロ［　］を持つものが、物象に美的ハ［　］を見出し、物象からおのれの美的ニ［　］を触発され、そして美的ホ［　］に陶酔するが如くである。だがまだこれだけでは友は得られないかも知れない。友は互に友の全自我を知らなければならない。もし虚偽の心があっておのれを隠そうとするならば、友はできないし、できた友は幻滅を感じるにちがいない。友は裸の上に作らねばならぬ。そうでないと、砂浜の上のバラックのようにもろい。幸にして自覚の境地に来た学生は、余りに大きな内的世界を見出した喜びの前に、取るにも足りぬ自己をおおい隠そうとはしない。寄宿舎生活が色々の意味で学生に必要なことは、この点からも意義づけることができる。人が自我の全体を暴露するのは、長く寝食を共にした場合である。女性に友が少いのは単に教育の程度が低いからではない。女性はおのれを化粧することを好むからである。

(問) 1 「真の友」を得るための条件四つをあげなさい。

2 「真の友」とはどんなものか。これを端的に言いあらわしたことばを書き抜きなさい。

3 次の語のよみ方と意義を記しなさい。

イ 竹馬の友　ロ 莫逆の友

4 ［　　］の中に、次の語のそれぞれを適当に記入しなさい。

価値　観照　感情

（河合栄治郎「学生に与う」28　日女大）

（一）　筆者の立場「真の友」とは何か、またそれを得るためにはどうしたらよいかを四つの条件をあげて論じている。

筆者はまず概括的な規定を示し、順を追ってその範囲を次第に明確に限定していく。だからこの四条件は真の友を得るに至るまでの段階を成していると云える。筆者は最初に時期が学生時代であること、第二に学生の中でも自覚した学生であること、第三に豊かな情操の所有者であること、最後に自己の全自我をひらくことのできるものであることを要求している。

（二）　設問について　2は変わった出題である。「端的に言いあらわしたことば」が求められていることに注意する。また「書き抜きなさい」とあるから、当然それに該当する語が問題文の中に含まれていると考えてよい。

（三）　問題解決の実際　長文だが、論旨は単純でわかりやすい。筆者がどの部分で四つの条件を示しているかをとらえれば1は容易に解決がつく。2は端的な表現という点から考えて、熟語ないし慣用句を求める。ここでは「――の友」という言い方がそれに相当する、ということに気がつけばあとは簡単に答がでる。ただし、「竹馬の友・莫逆の友」の意味を知らないとちょっと解決に時間がかかるかも知れない。しかし冒頭の部分の論旨を正確に追求すれば誤ることはないと思う。4は論旨の一部の例としてひかれた文についての問で、筆者の立場からは解答が得られない。けれども「美的感情」が「豊かな情操」に、「美的価値」が友のもつ「呼べば応える」ものに対比させられていることを理解すれば、正確に答えることができよう。

(47) 例題五

痛憤と煩悶との数日の中には、時に、学者としての彼の習慣から来る思索が——反省が来た。いったい今度の出来事で何が——誰が——誰のどういう所が、悪かったのだという考えである。彼はまずその君主を恨んだ。しかし、その多くの欠点にもかかわらず、何といっても大君主であるという反省がいきおい、恨みを君側の姦臣に向けさせる。彼等が悪い、たしかにそうだ。しかし自尊心の高い彼にとって(イ)彼等小人輩は、怨恨の対象としてさえ物足りない気がする。彼は最後に忿懣の持って行き所を自分自身に求めようとする。(ロ)実際何ものかに対して腹を立てなければならぬとすれば、それは自分自身に対しての外は無かったのである。だが、自分のどこが悪かったのか？　自分のしたことはいかに考えてみても、間違っていたとは思えない。それでは、自ら顧みてやましくなければ、そのやましくない行為がどのような結果を来たそうとも、士たる者はそれを甘受しなければならないはずだ。そして動機がどうあろうと、このような結果を招くものは、結局「悪かった」と云わなければならぬ。しかし、どこが悪かった？　己のどこが？　どこも悪くなかった。己は正しい事しかしなかった。強いていえば、ただ（ハ）「我あり」という事実だけが悪かったのである。

茫然とした虚脱の状態で座っていたと思うと、突然飛び上り、獣の如くうめきながら獄舎の中を歩きまわる。そうしたしぐさを無意識に繰り返しつつ、彼の考えもまたいつも同じ所をぐるぐる廻ってばかりいて、帰結するところを知らないのである。

問（い）　作者が最も主眼として描こうとした主人公の心持は、次の中のどれか。最も適当と思うものの番号を○でかこめ。

1　煩悶から痛憤へ、痛憤から煩悶への心の動き。

2　悲嘆から虚脱へ、虚脱から悲嘆への心の動き。

3　煩悶から反省へ、反省から煩悶への心の動き。

4　痛憤から自己嫌悪へ、自己嫌悪から痛憤への心の動き。

問（ろ）　傍線の（イ）の部分の意味は次のうちのどれか。最も適当と思うものの番号を○でかこめ。

1　物足りなくても小人輩を憎みさえすればよい。

2　怨恨は小事だ。小人輩を相手とすることも小事だ。まして小人輩を怨恨の対象とすることは物足りない。

3　対象が怨恨以外だったら小人輩でもそれほど物足りないものでもないが、怨恨の対象としては物足りない。

4　終生忘れることの出来ない深い怨恨——この深い怨恨の対象としてもちろん小人輩は物足りない。

問（は）　傍線の（ロ）の部分において何故自分自身に腹を立てる外なかったのか。次のうち最も適当と思うものの番号を○でかこめ。

1　こうなろうという結果を考えない自分が悪かったから。

2　他の人に恨みを長く止めることができなかったから。

3　正しいと思ってしたのに罪せられたから。

問（に）　傍線（ハ）の部分はどんな意味か。簡単に記せ。

問（ほ）　動機と結果についてこの主人公はいかに考えようとするか。次のうち最も適当と思うものの番号を○でかこめ。

1 動機がよくても、結果が悪ければいけない。

2 動機が悪くても、結果がよければよい。

3 動機がよければ、結果は問うところではない。

4 結果が悪いのは、動機が悪いためである。

（中島敦「李陵」28 神戸大）

近代文学の鑑賞力、とくに小説・戯曲・随筆の作者や作中人物の心理、その人間像をとらえさせて、理解力、想像力をみる問題である。

（一）原典について「李陵」は、中国漢時代の名将で匈奴の大軍と戦って敗れ、捕われた李陵の祖国愛と旧敵への人間的な愛情との相剋に悩む姿を描くと共に、李を弁護したために罪を得て宮刑に処せられる史記の作者司馬遷が絶望と苦悩と孤独のなかで己れの仕事にデモーニッシュな情熱を注ぐことによって僅かに生への道をきり開いていく態度を形象化した中島敦の代表作。作者の死後昭和一八年七月「文学界」に発表された。

問題文は刑に処せられた直後の司馬遷が獄中において、一方「痛憤と煩悶」に苛まれながら、自己反省にめざめる心理を描いた一場面である。

（二）設問及び解決の実際　設問は何れも主人公の心事を想像する力をみるための典型的な出題。

設問（い）のうち主人公は「悲嘆」や「自己嫌悪」を感じているとは思えぬから、2、4はすぐ捨てられる。1と3の選択に多少迷うかも知れないが、問題文を味読すれば主人公の感情の赴くままの状態と理性のめざめた状態とが交錯していることがわかる。

設問（ろ）、自尊心の高い主人公の性格に注目する。彼は小人輩を「悪い」人間だと思うのだが、それは理性的な価値評価であって、激情にかられた結果ではない。いかなる場合でも、小人どもを相手に自分がむきになるということは彼にとってつまらぬことなのだ。そこで、主人公が果して己が怨恨を小事と考えているかどうかが問題になる。もし怨恨を抱くことすら小事だという思いがあるなら、主人公がこれ程苦しむことはあるまい。そう考えれば選択の対象も自ら決まってくるだろう。

設問（は）では、最初に君主を次には小人輩に怨みを抱くが、何れも反省によって妨げられる。その結果「自分自身に対して」腹を立てるより外なかったのである。1と3は一まず忿懣を自己に向けた上で、さらに主人公の心に生じた反省であって、これらが原因になっていると云うことはできない。

設問（に）の「我」は、「どこが悪かった？　己のどこが？……己は正しい事しかしなかった」と主人公が考える「我」である。言い換えれば「正しいと思うことはどこまでも主張しようとする自分」がいるということであり、その事実だけが「悪かったのである。」

設問（ほ）は文中の「自ら顧みてやましくなければ（＝動機がよければ）そのやましくない行為がどのような結果を来たそうとも、士たる者はそれを甘受しなければならないはずだ（＝結果は問うところではない）」あるいは「動機がどうあろうと（＝たとえよくても）、このような結果を招くものは、結局「悪かった」と言わなければならぬ」という主人公の心を推察すると二様の解答が考えられる。

(48) 類題一

基角に次いで羽根楊子をとり上げたのは、さっき木節が合図をした時から、既に心の落着きを失っていたらしい去来である。日頃から恭謙の名を得ていた彼は、一同に軽く会釈をして、芭蕉の枕もとへすりよったが、そこに横たわっている老俳諧師の病みほうけた顔を眺めると、或満足と悔恨との不思議に錯雑した心もちを、嫌でも味わなければならなかった。しかもその満足と悔恨とは、まるで蔭と日向とのように離れられない因縁を背負って、実はこの四五日以前から絶えず小心な彼の気分を掻き乱していたのである。と云うのは、師匠の重病だと云う知らせを聞くや否や、すぐ伏見から船に乗って、深夜にもかまわず、この花屋の門を叩いて以来、彼は師匠の看病を一日も怠ったと云う事はない。その上、住吉大明神へ人を立てて病気本復を祈らせるやら、或は又、花屋仁左衛門に相談して調度類の買入れをして貰うやら、ほとんど彼一人が車輪になって、万事万端の世話を焼いた。それは勿論去来自身進んで事に当ったので、誰に恩を着せようと云う気持も、皆無だった事は事実である。が、一身を捧げて師匠の介抱に没頭したと云う自覚は、勢い、彼の心の底に大きな満足の種を蒔いた。それが唯、意識せられざる満足として、彼の活動の背景に暖い心もちをひろげていた中は、元より彼も行住座臥に、何等のこだわりを感じなかったらしい。さもなければ夜伽の行灯の光の下で、支考と浮世話に耽っている際にも、ことさらに孝道の義を釈いて、自分が師匠に仕えるのは親に仕えるつもりだなどと、長々しい述懐はしなかったであろう。しかしその時、得意な彼は、人の悪い支考の顔に、ちらりと閃いた苦笑を見ると、急に今までの心の調和に狂いの出来た事を意識した。そうしてその狂いの原因は、始めて気のついた自分の満足と、その満足に対する自己批評とに存している事を発見した。明日にもわからない大病の師匠を看護しながら、その容態をでも心配する事か、徒に自分の骨折りぶりを満足の眼で眺めている。——これは確に、彼の如き正直者の身にとって、みずから疚しい心もちだったのに違いない。それ以来去来は何をするのにも、この満足と悔恨との扞格から、自然と或程度の掣肘を感じ出した。将に支考の眼の中に、偶然でも微笑の影が見える時は、反ってその満足の自覚なるものが、一層明白に意識されて、その結果愈々自分の卑しさを情なく思った事も度々ある。それが何日か続いた今日、こうして師匠の枕もとで、末期の水を供する段になると、道徳的に潔癖な、しかも存外神経の繊弱な彼がこう云う内心の矛盾の前に、全然落着きを失ったのは、気の毒ではあるが、無理もない。だから去来は羽根楊子をとり上げると、妙に体中が固くなって、その水を含んだ白い先も、芭蕉の唇を撫でながら、頻りにふるえていた位、異常な興奮に襲われた。

問一　本文中の「意識せられざる満足として、彼の活動の背景に暖い心もちをひろげている」の意味は次の箇条文中、どれに最もよくあてはまるか、その箇条を符号によって一つあげよ。

(イ)　多くの弟子達から尊敬を受けていた芭蕉は、心中では幸福を感じていた。その結果彼の行動には親切心がにじみ出ていた。

(ロ)　自分の行動は他の友人達も自然認めてくれて、去来は満足していた。彼はその感激から自分を幸福と考えて、いろんな行動にその気持を表わした。

(ハ)　十分尽したので彼は何等悔いるところがなかった。それ故幸福な気持で、こだわりなく活動した。

（二）自分の行いに自信を持っていたので、支考と浮世話に耽っている際にもおちついて孝道を説くことができた。

問二　次の七つの文中から、本文の文意に適合するものを全部抜き出し、符号の順序に記入せよ。

（A）師匠の看護に手ぬかりがあったと自覚して去来は後悔した。

（B）彼の満足は支考の苦笑によって動揺した。

（C）師匠の死を悲しむ心で一杯で、羽根楊子を持つ去来の手はふるえた。

（D）何の暗示もなく自分の行動の反省によって、去来の心は悔恨に陥った。

（E）自覚した満足感から、去来は愉快な気持で行動することが出来た。

（F）その悔恨は自分の気持に対する自己批評によって生じた。

（G）去来の自己批評はその友人の様子によって触発された。

問三　去来が心の落着きを失うに至ったのはどんな事柄によってであるか、それを表わす原文を二十五字以内で示せ。

（芥川龍之介「枯野抄」28　大阪大）

（一）原典について　「枯野抄」は大正七年の作。俳聖といわれる芭蕉の臨終に侍する弟子達一人一人の心理状態を克明に分析しながら、彼等の師との関係とその人間像を浮彫りにした作品で、問題文はそのうちの去来に関する一節をとったものである。

（二）　問題解決の実際　問題文を読んでいくと、誰でも去来が芭蕉の顔を眺めた時「満足と悔恨との不思議に錯雑した心もち」を感じたことにひっかかるものを憶えるであろう。常識から云って、それはおかしい。では何故去来がそんな気持を持つようになったのか。その答を求めて読んでいけば、彼が初めの間は自己の献身に無意識の満足を感じていたことが解る。しかし、皮肉な友人、支考の様子から、去来は始めて、自分の態度を意識させられる。彼は心の調和を失う。一方では自分の働きぶりに満足をしたがる心と、他方そのような己れを批判し情なく思う心とに去来の自我は分裂する。その内心の葛藤が去来を興奮させ落着きを失わせるのである。

問一の四つの解説文のうち、「彼の活動の背景」と問題文にあるのはもちろん去来のことを指しているから、（イ）は捨てられる。（ニ）は去来の自己満足の結果を表わす行動であるから、去来の心理の直接の説明にはやや遠い。（ロ）（ハ）の中、前者では去来の満足の原因が本文の説明と違っているからとれない。

問二、三は前の去来の心理の動きを追うことによって容易に解決がつく。

(49)　類題二

高い石の階段は、セッツルメントの埃っぽい窓、ぼろっ屑の山、工場のハンマ、旋盤の咆哮、煤煙のうず巻から彼女を絶縁させた。十八・九世紀のイギリス及びフランスの代表画家の作品を主として豊富な蒐集は、これまで写真版で想像したり、名前を聞いたりしていた画家達の原作を見せてくれる点だけでも、貴重な観物であった。たとえばセガンチニの「羊毛刈」、ロゼチの三つの作品。とりわけ「生」の哀愁を表象しているような灰がかった肉づけで仕上げられた婦人の半裸像が、顔面と頸の特異性によって、疑いもなく詩人なる画家の妻で、若くして逝いたシダルであったことは、画の価値以外になつかしい興味であった。それから、バスチャン・ルパアジュ。最も堅実な写実主義に立脚した外光派の代表画家としてよりも、マリ・バシュキルツェフの死の前の哀しい愛人であった点で、深い興味が彼にあった。で、彼女はその「林間樵夫」の図の前からしばらく離れなかった。おしまいには画のみを見ていたのではなかった。マリの手記に残されたバスチャンに関する記事の断片を、それより、二巻の記録に示された彼女の驚くべき生命力を、しかもマリが自分と同じ年までしか生きなかった婦人であり、それにくらべてどんなに貧弱なみすぼらしい生活をしか自分が持っていないかを思い続けることによって、愛読書にしている彼女の手記を読むとき感じさせられると同じ発奮と嘆称が、画を通じて湧いていた。入って来る人もすでに数えるほどしかない。また四面の絵画の性質から、どこか外国の古い町の画廊にでもあるような静寂の中では、何を思っても、どの画の前に立ちどまっていても、邪魔はされなかった。外には早い灯がつき、わずかに風が出ていた。が、申分なく上天気であった名残りの夕陽で、時間にしては明るく、空気も冷えていなかった。かえってまだ黄昏になりきれない影が、あたたかい霧のように低く地面をぼかし、木立・森・青銅の円屋根、その上の広い葡萄いろの空と雲、それらに残っている輝きに対して、奇妙に美しい陰影を作り出していた。

（野上弥生子「真知子」28 日女大）

問1 季節はいつごろか。次の三つのうち最もふさわしいと思うものに○印をつけなさい。

イ 早春　ロ 初夏　ハ 晩秋

2 「彼女」が身を置いた三つの場をあげ、それぞれの対照的な特色を（　）（省略）内に記入しなさい。

3 「彼女」の絵画の見方について、その特色を二つだけあげなさい。

4 「彼女」はどういう女性であると思うか。次の四項に分けて簡明に記し、（　）（省略）内にそのように感じとったよりどころをあげなさい。

イ 年ごろ　ロ 教養　ハ 生活　ニ 考え方

（一）原典について　「真知子」は昭和三年から五年にかけて「改造」「中央公論」に連載された長篇。作者は上流家庭に育ち周囲の空気に反撥する真知子を主人公にし、昭和初期の若い世代の思想的苦悩をとり上げ、ヒューマニズムの立場から描いている。

問題文中「彼女」とあるのは真知子を指す。ここは真知子が上野へ展覧会を見に行ったところである。

（二）問題解決の実際　まず全文を三段に分けてみる。冒頭から「絶縁させた」まで、「十八・九世紀の……」から「邪魔はされなかった。」まで、「外には……」から終りまで。それが主人公の身を置いた三つの異った場を示す。設問のうち1は第三段に、3は第二段に、4は第一段第二段に関係している。

設問4はこの文章から想像される女性の人間像が求められていることに注意。

(50)　例題六

国境の長いトンネルを抜けると雪国であった。夜の底が白くなった。信号所に汽車が止まった。向側の座席から娘が立って来て、島村の前のガラス窓を落した。雪の冷気が流れこんだ。娘は窓いっぱい乗り出して、遠くへ叫ぶように、「駅長さあん、駅長さあん。」明りをさげてゆっくり雪を踏んで来た男は、衿巻で鼻の上まで包み耳に帽子の毛皮を垂れていた。もうそんな寒さかと島村は外を眺めると、鉄道の官舎らしいバラックが山裾に寒々と散らばっているだけで、雪の色はそこまで行かぬうちに闇に呑まれていた。

問　この文章を読んで、左のそれぞれの問に答えよ。

一　この文章の全体の雰囲気の中心は何におかれているか。左の中最も適当と思われる符号を別紙所定欄に記入せよ。

(イ) 夜　(ロ) 閑散な田舎の駅　(ハ) 雪と夜　(ニ) 夜汽車

(ホ) 雪景色　(ヘ) トンネルの彼方の村

二　この文章はその雰囲気の中心を、どういう視点の動かし方によってとらえているか。左記の四つを文章の構成の順序に従って配列し、その符号を別紙所定欄に記入せよ。

(イ) 人物の行動に基いて触覚的にとらえる。

(ロ) 風景によって描写的にとらえる。

(ハ) 外界の叙述によって気分的感覚的にとらえる。

(ニ) 人物の描写によって視覚的にとらえる。

三 「夜の底が白くなった」という言葉はこの文章の全体の構成の上から見て、どの語句に最もよく対応しているか。その語句を別紙所定欄に記入せよ。

四　この文章では一つの文の終りがいつも「た」で終って、次の文との間に接続詞がない。このことは、この文章全体の表現効果の上にどういう影響を与えているか。二十字以内で別紙所定欄に記入せよ。

（川端康成「雪国」28　大阪大）

近代文学の鑑賞力を、散文表現の効果ないし作者の描写のしかたを味わうことを通してためす問題。

（一）　原典について　「雪国」は昭和一〇年から二年間諸雑誌に断続しながら発表された長篇。生活に対する無力感と孤独を背負う都会人島村に対する雪国の芸者駒子のひたむきな愛情を中心に、男女の心理のもつれあいを描く。作者のみずみずしい感覚を通して、雪国の風景を背に生の哀感が透徹した筆致で語られている。

問題文はこの小説の書き出しの部分、島村が汽車で上越の温泉へ向かう途中、国境のトンネルを越えたところである。

（二）　問題解決の実際　問題文に描かれた場面の直接の舞台は山国の信号所であるが、その背景として夜の闇と雪とのもたらす感覚が全体の雰囲気を形造る大きな要素をなしていることに注意する。また場面や作中人物の推移を辿っていくと、この文章は四つの部分に分けられる。すなわち、信号所に汽車が止まるところまでが第一段。娘が立って窓を明け、駅長を呼ぶところが第二段。近づいて来る男の描写が第三段。島村の眼に映じた外の景色の描写が第四段である。各段にそれぞれ何がどのように描かれ、どのような印象を与えられるかを考えていけば、第二問の解答も得られよう。人物が描かれているのは第二段、第三段であるが、前の部分では窓を明ける、とか、駅長を呼ぶという娘の動作が描写されている。それに対し後の部分では近づいて来る男の格好が描かれている。したがって第二問の（イ）は第二段、（ニ）が第三段の答になる。第一段では事実の叙述によって、話の展開する舞台と、その背景およびその場の雰囲気を暗示しているし、最後のところでは、周囲の風景を具体的に表現している点から、（ハ）と（ロ）が区別されるであろう。「夜の底が白くなった」というのは一面雪におおわれた夜の風景を想像させると同時に、あたりの闇の中でわずかに自分のまわりだけ雪の白さがわかるという状態をおもわせる感覚的な表現であり、それと対照される部分は、雪の白さが周囲の暗さにのまれていくという最後のところであろう。さらに第四問は全体を通読したとき、自分のもった感じを吟味すればよい。また自分で接続詞を補ってみて、それがどんな感じの相違をもたらすかを考えてみれば一層はっきりする。原文のような書き方からは、極めて簡潔で、しかも個々の描写が鮮明に印象づけられるということを感じるであろう。

(51) 類題一

次の二つの文章を比較して、左記の問に答えなさい。問の後にA、Bとあるものは、該当するもののほうを○でかこみなさい。(ただし、問9にかぎり、該当しないもののほうを〓で消すこと。)

A男山はあたかもその絵にあるようなまんまるな月を背にして、鬱蒼とした木々の繁みがびろうどのようなつやを含み、まだ何処やらに夕ばえの色が残って居る中空に暗く、濃く、黒ずみ渡って居た。

B木の繁った美しい山で、その辺では沢と言っている小さな渓流が幾つかあり、青葉を透かした夏の光が水の上に踊って居た。深い苔が岩石を被い、その上にがくの花が美しく咲き乱れて居た。

問1　名詞はどちらに多くありますか。
2　動詞はどちらに多くありますか。
3　助詞はどちらに多くありますか。
4　形容詞、副詞はどちらに多くありますか。
5　文の構造のより複雑なのはどちらですか。
6　ニュアンス(陰影)をあらわす語の多いのはどちらですか。

7　直喩（直接的比喩）の多いのはどちらですか。
8　どちらが簡潔な表現ですか。
9　「夏の光が水の上に踊って居た」というのは比喩的表現といえますか。またニュアンスがあるといえますか。
a　比喩的表現といえる　　　いえない
b　ニュアンスがあるといえる　　いえない
（A―谷崎潤一郎「蘆刈」　B―志賀直哉「山形」26　早大）

（一）　問題解決の実際　A・Bを比較すると、全文の長さはほぼ同じであるに拘わらず、Aは一個のセンテンスから成っており、「男山は」という語に対応する述語は最後の「黒ずみ渡って居た」であることから、構造の複雑さの程度が推察されよう。

事実のありのままの表現は直截な、すっきりした感じを与えるのに反し、比喩を多く含む表現は奥行をもったやわらかい感じがする。このことはA、B両文を読めば誰にも感得されると思う。したがって、比喩の多い表現は自らニュアンスに富むと云える。設問5以下はこの点を味わうことによって解決がつく。

(52) 例題七

朝晴　　三好達治

憐れむべし糊口に穢れたれば
一盞はまずわがはらわたにそそぐべし
よき友らおほく地下に在り
時に彼らを憶ふ
(イ)また一盞をそそぐべし
わが心はつめたき石に似たれども
世に憤りなきにしもあらず
また一盞をそそぐべし
霜消えて天晴る
わが庭の破れしかめにこの朝《あした》来りて水浴ぶるは黄金褐のこさめ鶲《びたき》
——小さき虹も立つならし
天の羽衣すがしきになほ水そそぐはよし
(ロ)また一盞をそそぐべし

信あるかな汝
十歳わが寒庭を訪ふを替へず
われは東西南北の客
流寓に疲れたれども
一日汝によりて自ら支ふ
(ハ)如何にために又々一盞をそそがでやは

設問 (一) 「糊口に穢れたれば」とはどういう意味であろう。
(二) 作者はどうして「小さき虹も立つならし」と考えたのであろう。
(三) 「一日汝によりて自ら支ふ」とはどういう意味であろう。
(四) 傍線を施した箇所において「一盞をそそぐ」のはそれぞれなんのためであろう。こうだと思われることを一つずつ記せ。 (29 東大)

象徴的表現(韻文)の鑑賞力をみる問題。
(一) 作者の心情　生活の苦しさと闘いながら、自己の道(芸術)を生き抜こうとする作者の心をうたった詩である。
この詩は全体を三節に分けることができる。第一節(冒頭から八行目まで)で作者は自己とその周囲を省みている。第二節（九行目から一四行目まで）ではこさめびたきを見つめている。第三節（一五行目から終りまで）はこさめびたきによって自己の生に対する決意を新たにする作者がうたわれている。

冬の或る晴れた朝、澄んだきびしい空気にふれながら作者は縁先に出ている。庭の方を見るともなく見ながら、じっと我が生涯と生活を思いめぐらしている。すると、生活に追われ世俗に妥協している自分のこと、共に芸術を志し自分を励ましてくれ、今はこの世にない友のこと、あるいは自己を理解しない世の中への憤りなどが心をすぎていく。ふと気がつくと庭のかめに一羽の小鳥が来て水を浴びている。それは十年このかた必ず自分の庭にやってくるこさめびたきだ。金褐色の羽、水しぶきが陽をうけて輝く有様が実に美しい。それをみつめているうちに、その無心の姿、節をまげずに訪れる態度にうたれて、作者は自身の心を立てなおすのである。

全篇を通じて、「一盞をそそぐべし」という表現のくり返しによって、作者の心の移り行きが示されている。結びの一句は、語形こそ異るが、同じことを意味している。

(二)　設問及び解決の実際について　設問（四）がこの詩の内容を解く根本になる。(イ)、(ロ)、(ハ)の何れもその前の部分を受けて言われていることに注意する。

他の設問は象徴的表現に託された作者の心情をどれ程深く味わっているかどうかをみる

ものである。したがって字句の解釈で終っては十分な解答とは言えない。たとえば（一）を

生活のために自分の心がきたなくされているので

と解答したのでは不十分である。やはり

日々の生活に追われて、自分の志を守り抜くことができず、世俗と妥協して心が堕落しているので

というように説明すべきであろう。（二）はこさめびたきの水を浴びる様についての作者の感じであることを読み取る必要がある。

(53) 類題一

なれとわれ　　　　　　　伊東静雄
新妻にして見すべかりし
わがふるさとに
汝を伴ひけふ来れば
十歳を経たり

いまははや　汝が傍の
童《わらべ》さび愛《かな》しきものに
わが指していふ
なつかしき山と河の名
走り出づる吾子《あこ》に後れて
夏草の道往く　なれとわれ
歳月は過ぎてののちに
ただ老の思に似たり

問一　この詩の中の「汝」とは誰のことか。
問二　「新妻にして見すべかりしふるさと」とはどういうことか。
問三　「童さび愛しきもの」とは誰をさすのか。
（29　早大）

（一）　作者の心情　結婚して十年後に妻と子供とをつれて故郷へ帰ったとき、已れの感慨を詠んだ詩。

駆けていく我が子の後から山河にかこまれた故郷の道を、歩きながら、傍らの妻に「汝」と呼びかけ、「本来なら新婚早々に連れて来て見せるべきだったこの故郷を、今になってやっと見せることができた。もはや自分とお前の間には可愛く成長した子供まである。誠に年月の過ぎるのは早く、ただ我々の老いゆくのを深く感じさせられるばかりだなあ」と作者は語っている。

(54) 類題二

A　鉄たたく音もここにはきこえ来ず□の花はおほらかにひらく　半田良平

B　花びらのにほひ映りあひくれないの□奥のかゞよひの濃き　木下利玄

C　大輪の□かゞやけり思ひきりてこれを求めたる妻のよろしさ　古泉千樫

(一)　右の歌はどれも同一の花をよんだものであるが、□の中にもっとも適当と思う花の名を書き入れよ。花の名はつぎのものからえらべ。

つつじ。つばき。さくら。ぼたん。ふよう。

(二)　各作者の態度は次のどれに相当しているか次のわくの中に番号を記入せよ。

A□　B□　C□

花を凝視し静物的に描き出している……1

作者の生活とのつながりにおいてながめている……2

花を凝視し色彩を鋭くとらえている……3

（三）上の歌から受けとる感じは、つぎの語のうち、どれが最も適当か、次のわくの中に記入せよ。

A□　B□　C□

無心、感謝、安心、静寂、歓喜、豪華

（26 広島大）

（一） 設問及び解決の実際　設問（一）は言葉に対する感覚の鋭さを、（二）、（三）は作者の立場の味わい方をみるための出題。

（一）についてはAの「おほらかにひらく」、Bの「花びらのにほひ映りあひくれないの」、Cの「大輪の……かゞやけり」などの表現を十分鑑賞すること。（二）は、Aが静寂な境地で花をみている点、Bが花びらの「にほひ」や花の奥の「かゞよひの濃き」ことを詠んでいる点、Cがぼたんを買い求めた妻の心をうたっている点に注目する。（三）は、Aがぼたんのある環境、Bがぼたんそのもの、Cが妻の心の「よろしさ」をそれぞれの作者が強く印象づけられていることを味わってみる。

附録（1）入試現代文の筆者・出典一覧

著者	著作	25	26	27	28	29	計	総計
寺田　寅彦	科学者と芸術家		1	1	1		3	10
	田園雑感			1	2		3	
	花物語		1				1	
	漫画と科学		1				1	
	藤棚の蔭から	1					1	
	映画芸術					1	1	
土居　光知	文学序説	5	1	1	1			8
阿部　次郎	学生と語る		1	2		1	4	8
	人格主義	2					2	
	三太郎の日記				1		1	
	教養の問題				1		1	
天野　貞祐	生きゆく道	1		1	1	1	4	7
	学生に与うる書	1					1	
	道理への意志	1					1	

	教養という事		1				1	
志賀　直哉	暗夜行路		3				3	7
	城の崎にて		1				1	
	矢島柳堂		1				1	
	山形		1				1	
	沓掛にて			1			1	
森　鷗外	山椒大夫			2			2	7
	舞姫				1		1	
	青年		1				1	
	妄想	1					1	
	阿部一族					1	1	
	寒山拾得	1					1	
藤岡作太郎	国文学史講話		1	4				5
夏目　漱石	草枕		1	1			2	5
	吾輩は猫である			1			1	
	硝子戸の中				1		1	
	こころ		1				1	
正岡　子規	芭蕉雑談	1					1	

	歌よみに与うる書		1				1	5
	病牀六尺				1		1	
	松蘿玉液		1				1	
					1		1	
三木　清	文学史方法論	1				1	2	5
	哲学ノート		1				1	
	人生論ノート				1		1	
	哲学入門	1					1	
芥川龍之介	蕗	1					1	4
	奉教人の死				1		1	
	枯野抄				1		1	
	書簡				1		1	
島崎　藤村	藤村詩集序	1					1	4
	市井にありて	1					1	
	春を待ちつつ		1				1	
	破戒					1	1	
池田　亀鑑	源氏物語（日本古典全書解説）				1		1	3
	古典の読み方				1		1	

	花鳥風月誌				1		1	
岡倉　天心	茶の本		1	1	1			3
岡崎　義恵	文芸学概論			1	1		2	3
	日本文芸学		1				1	
川端　康成	小説の作り方			1			1	3
	雪国				1		1	
	山の音					1	1	
九鬼　周造	文芸論	2				1		3
桑原　武夫	文学入門		2				2	3
	第二芸術論					1	1	
田中耕太郎	進歩の倫理と論理	2				1		3
谷崎潤一郎	文章読本	1					1	3
	細雪				1		1	
	蘆刈		1				1	
中島　敦	山月記				1		1	3
	李陵				1		1	
	弟子			1			1	
西尾　実	文学と言語生活					3		3

吉田　精一	新日本文学史序説	1					1	3
	近代文学と古典の系譜				1		1	
	皇太子と歌舞伎					1	1	
伊藤　整	小説の方法				1	1		2
加藤　周一	文学とは何か			1		1		2
河合栄治郎	学生に与う				1		1	2
	学生と歴史					1	1	
国木田独歩	武蔵野		1				1	2
	忘れ得ぬ人々		1				1	
小林　秀雄	無常という事				2			2
高山　樗牛	平家雑感		1				1	2
	わが袖の記					1	1	
田部　重治	山と渓谷		1				1	2
	笛吹川を遡る	1					1	
中村　光夫	風俗小説論		1				1	2
	小説入門				1		1	
西田幾多郎	芸術と道徳			1			1	2
	続思索と体験		1				1	

パスカル	パンセ（由木康訳）	1				1		2
久松　潜一	国文学通論	1					1	2
	日本文学概論					1	1	
笠　信太郎	ものの見方について			1			1	2
	日本のゆく道				1		1	
	天声人語				1	1		2
安倍　能成	戦中戦後					1		1
石川　啄木	食うべき詩			1				1
石山　徹郎	芸文論					1		1
稲富栄次郎	人間と言葉				1			1
井伏　鱒二	乗合自動車					1		1
植田　寿蔵	日本の美の精神		1					1
潁原　退蔵						1		1
片山　俊彦	詩心の風光					1		1
金子　光晴	北原白秋（現代詩講座）				1			1
加茂　儀一	科学的精神	1						1
岸田　國士	善魔		1					1
北村　喜八	ヨーロッパ演劇巡礼		1					1

北村　透谷		1							1
木村　健康	若き人々とともに		1						1
木村　素衛	美のかたち	1							1
工藤　好美	文学論					1			1
倉田　百三	出家とその弟子		1						1
小宮　豊隆			1						1
重友　毅	日本近世文学史		1						1
瀬沼　茂樹	近代日本文学のなりたち				1				1
高村光太郎	美について					1			1
谷川　徹三	教養				1				1
坪内　逍遥	小説神髄	1							1
中村真一郎	細雪をめぐりて					1			1
野上弥生子	真知子				1				1
萩原朔太郎	詩の原理		1						1
長谷川如是閑	日本の文化的性格と万葉集					1			1
正宗　白鳥	作家論				1				1
柳田　國男	毎日の言葉	1							1
湯川　秀樹	目に見えないもの		1						1

詩人・歌人・俳人							
島崎　藤村	1	1		1			3
北原　白秋			2				2
伊藤　静雄					1		1
河井　酔茗			1				1
高村光太郎		1					1
三好　達治					1		1
室生　犀星	1						1
木下　利玄		2		1			3
古泉　千樫		2		1			3
石川　啄木		1			1		2
伊藤左千夫				1	1		2
島木　赤彦	1				1		2
正岡　子規		1			1		2
斎藤　茂吉				1			1
若山　牧水	1						1
与謝野晶子				1			1

会津 八一					1		1
水原秋桜子					1		1

附録（2）　現代文に対する興味と理解力とを増すために特に読むべき十冊の書

1　夏目漱石「吾輩は猫である」（岩波文庫、新潮文庫）

日本の近代社会に生きる知識人の精神が、何を喜び、何を求め、何を怒り、何に悩まねばならなかったかを知る上に、欠くことの出来ない書である。この作の笑は、いつでも作者の俗物嫌いと表裏をなしている。そして、その背後には、個人と社会との背離を不可避なものとした、近代日本の歴史的宿命が横たわっている。

2　芥川龍之介「侏儒の言葉」（岩波文庫）

明治以来多くの作者の手によって、西欧におけるアフォリズム形式が模倣されたが、龍之介の教養の多面性と表現の自在とに及ぶものは少ない。大正期は日本の近代のいわば絶頂期である。その大正期の思想と思考態度を知ると同時に、比喩・逆説によってしか表現し得ない近代的心情の複雑さにふれることは、現代文理解のために有力な一礎石を置くこともなるであろう。

3　天野貞祐「生きゆく道」（細川新書）

「わたくしの平生抱く人生観をさまざまの機縁に応じ、さまざまの形において表現したものである。わたくしはこの道を徹底的に生きてゆこうと思う。この道に生き、この道に死にたいと思う」と筆者は「後記」の中でのべている。わが国カント哲学の権威の立場は、ある意味では入試現代文の倫理的ないし論理的立場であると言ってもいい。氏の文章がしばしば入試問題として採られているという事実がこのことを証明している。

4　デカルト「方法序説」（角川文庫）

「真理を認識する能力は凡ての人に平等である」ことを信じ、一切の外的権威を否定し、思想の独立を宣するとともに、あらゆるものを疑いつくし、ついに「我思う故に我在り」の第一原理に到達してゆく経路を綴った思想的自伝である。一切の近代的思想は、この人に負うている。ゆっくり考えながら、解る範囲内で一読してみたまえ。大抵の入試現代文などは、幼稚に見えて困るであろう。

5　ヒルティ「幸福論」（岩波文庫）

二十世紀の初頭スイスの聖者として全欧洲に仰がれた著者の宗教的倫理的短章をあつめたもの。その人間と人生とに対する深い洞察は全世界に深い感銘を与えた。人間に最も本質的な意味で勇気を与える書物であり、時により機に応じて再読三読すべきものだと思う。

6　三木清「人生論ノート」（創元文庫）

われわれの日常生活のさまざまな事象に、哲学的省察を加えた短章の集録である。もと雑誌に連載されたものであって、平明な表現のうちに、精細な弁証法的論理が展開されている。考えつつ読むものには、自然と現代文一般の読解力が附与される。つまり判断力自体が、自然と高められる。しかも興味深い読みものでもある。

7　谷川徹三「ヒューマニズム」（細川新書）

戦後の四つの講演を集めたものである。「人間の回復」と「ヒューマニズムについて」は、我国における最も精彩あるヒューマニズム論であり、「ゲーテの人間像」「もろともにかがやく宇宙の微塵となりて」は、筆者の傾倒する二人の詩人、ゲーテと宮沢賢治とにおけるヒューマニズムの探求である。一読をすすめたい。

8　桑原武夫『文学入門』（岩波新書）

「私は、学生諸君労働組合の人々、次代の日本人をあずかっておられる教員の人々とともに、お互に社会人として、文学のいろいろの問題を考えようと思って、この本を書いた」。筆者は「はしがき」でこう言っている。平明にして示唆するところの多い解説書である。

9　中村光夫『日本の近代小説』（岩波新書）

日本の近代小説の史的展望を、今日の必要の場に立って試みた書である。小冊のうちによく事実を取捨し、独創的見解にも富んでいる。

10　寺田寅彦『寺田寅彦随筆集』（岩波文庫）

日本に優れた随筆の伝統のあることは衆知のところであるけれど、それらは多く心情の流露に終始するものであった。寅彦の随筆はそこに止まらない。ヒューマニスチックな科学眼が、静かに、そして暖かく、人生と自然とにそそがれ、日常われわれが見逃している数々の事象をはっきり解明する。

附録（3）　現代文読解のために特に重要な五十の用語

ア　行

（1）アウフヘーベン〔独〕Aufheben　止揚または揚棄と訳す。ヘーゲル哲学独自の用語で、弁証法的運動の本質をなすもの。大体三つの意義が考えられる。一、否定する。二、高める。三、包蔵する。例えば動は有でもなく、無でもなく、しかも有にして無、無にして有で、有無を否定すると同時に包蔵し、有無より一段高まったものである。正・反・合の合、すなわち弁証法的運動の中で特に綜合の本質を示す語。

（2）アポロン的〔独〕Apollonisch　ディオニソス的に対して用いられる。アポロンもディオニソスもともにギリシャ神話にあるゼウスの子で、前者は予言・音楽・弓術の神、後者は酒神でバッカスともいわれる。芸術における陶酔的、歓楽的、本能的、熱情的、動的な傾向がディオニソス的と呼ばれるのに対し、夢幻的、理智的、静的な傾向をアポロン的と呼ぶ。ニイチェによれば造形芸術はアポロン的であり、音楽はディオニソス的である。

（3）アンティテーゼ〔独〕Antithese　反立または反定立と訳す。弁証法的運動における反に当り、一つの理論、主張に対する反対の立場を言う。

（4）一元論〔英〕Monism　二元論及び多元論

に対する語。宇宙の万物を支配する根本原理を一とする形而上学の立場。唯物論、唯心論がこれに属す。その他根本原理を非物非心の絶対者とする立場もある。

(5) イッヒ・ロマン〔独〕Ich-roman 十九世紀初のドイツ文学に表われた、作中人物がその体験や生活を一人称で語る自伝的告白形式の小説。社会意識に対して自意識の確立を求めようとする意欲から書かれる。人生の傍観者の位置に立って事件を眺めたり、自己を物語る場合はイッヒ・ロマンではないから、日本の私小説とは区別しなければならない。

(6) イデー〔独〕Idee ギリシャ語のイデア(idea)に基づく語。本来はプラトン哲学の中心をなす概念で、認識の対象、とくに純粋の思惟、または理性によってとらえられる絶対不変の本体を意味する。したがって感性や経験ではとらえることのできぬものとされる。この場合は理念と訳す。心理的の意識内容を意味する場合もあり、そのときは観念と同じ意味に用いられる。

(7) イデオロギー〔独〕Ideologie 観念形態あるいは社会意識と訳す。もとマルキシズムによって明らかにされた概念で社会の下部構造をなす経済的、物質的な存在に対し、それによって規定される宗教、哲学、芸術、科学、政治等の上部構造、即ち文化形態一般をさす。したがってそれは人間の社会的階級的性質を反映するが、同時に一たん確立すると、逆に下部構造へ影響を与えるとされる。普通は単に思惟の基礎となる観念、ないし基本的な物の考え方という程の意で使われることもある。

(8) 印象批評〔英〕Impressionistic criticism 科学的、客観的な基準に基づかず、作品から与えられた印象によって作品を批評する方法。W・ペーター、アナトール・フランス、小林秀雄などはこの立場に立つ。評家が直観の鋭い感受性の豊かな人である場合にはすぐれた批評になるが、そうでないと独断や偏見に陥りやすい。

(9) エゴイズム〔英〕Egoism　利己主義、自己中心主義。他人や全体の利益とか幸福とかを無視し、自己の欲望の満足のみを追求し、それを人生の目的と考える立場。近代ではホッブズの倫理観が代表的なもの。

(10) 演繹〔英〕Deduction　帰納に対する語。一般的、原理的なものから特殊的なものを論理的に導き出すこと。経験に頼らず、純粋思惟によって可能である。この思惟の働きを演繹的推理と言う。これに対し、個々の特殊的経験を綜合してそこから共通の原理を求めていくことを帰納と言い、その思考方法を帰納的推理と呼ぶ。

(11) 厭世主義〔英〕Pessimism　楽天主義と逆の立場で、世界、人生の価値や意義を否定する。人間の本性は悪であり、どうしても変えることは出来ぬとみることから来る厭世観と、時代や社会の圧迫のために自己の理想を実現し得ぬことから来る悲観的な考え方とがあるが、厭世主義は本来感情的な要素が濃い。

(12) 欧化主義（おうかしゅぎ）欧米の文化に心酔し、その模倣を事とする主義。明治中期（一八八三、七年から二五、六年頃）に最も盛んで鹿鳴館時代などと呼ばれる一時期を形造ったが、国粋主義の擡頭により衰えた。

(13) オプティミズム〔英〕Optimism　楽天主義。人生の暗黒面を見ようとせず、すべてを肯定的楽天的に考えようとする立場。

カ行

(14) 概念〔英〕〔仏〕Concept〔独〕Begriff　諸種の事物の言語による表象を思惟によって厳密に規定した普遍的なもの。

(15) 科学〔英〕〔仏〕Science〔独〕Wissenschaft　広狭の二義あり、広くは哲学以外の学問を総称し、狭くは自然科学をさす。通常後者の意で用いられることが多いが、これは近代において自然科学が最も早く発達し、他の諸科学はようやく二十世紀以後になって方法的に独自な展開を示すようになった事情による。自然科学以外の領域は精神科学、社会科学、文化科学、人文科学等と呼ばれる。科学は明確な概念と一定の方法とに基づき、論理的に整った知識体系を有し、その研究対象として客観的実在をもつところに、主体としての自己を探究する哲学との相異がある。

(16) 客観・客体〔英〕Object　主観・主体に対する語。客観、客体は大して意味上の区別はないが、大体知識に関しては主観・客観が、意志行動についてては主体・客体が用いられる。主客の別は相対的なものであるが、思惟や行動を行う存在が主観・主体であり、その対象となる存在が客観、客体である。主体性があるとかないという具合に使われるときは、自主的という意味が含まれる。

(17) 価値〔独〕Wert　一般に自己の要求を満すものを指して言う。相対的価値と絶対的価値に分けられる。前者は経済的価値の如く日常的な自己の目指すもの、後者は哲学上で問題にされ真・善・美のような絶対性を帯びた価値を意味する。これは日常性を超えた理性的な自己の要求に対応する。これを文化活動の追求する理想と考えるときには文化価値とも呼ばれ、この立場に立つ哲学上の学派を代表するのが新カント派である。

(18) 観念論〔英〕Idealism　アイディアリズムという語は観念論、唯心論の何れをも意味する。前者は認識論上外界は実在し、知識はそれの模写にすぎぬとする実在論に対し、外界は精神表象の複合体であるとする見解を指す。後者は世界観ないし形而上学の概念として唯物論に対し、万有の根源は心あるいは精神であるとする一元論的立場を指す。このように区別されるが、場合によっては両者を同義に用いることもある。

(19) クラシック・古典〔英〕Classic〔仏〕Classique〔独〕Klassik　種々の意味あり、一、元来ギリシャ、ローマの完成された芸術を指し、そこから、歴史的に価値を失わず、いつの時代にも人間の精神形成の糧となり得るものを総称して言う。二、芸術上の様式として浪漫的に対して古典的という場合の古典は形式上の完成をもった作品を意味する。したがって秩序、形式を尊重する立場を古典主義（英 Classicism）と言い、浪漫主義に対比させる。

(20) 契機〔英〕〔仏〕〔独〕Moment　もと動かすという意味の語。一般にあるものを動かし、または決定する根拠をいう。ヘーゲル弁証法の用語としては、弁証法的運動の過程にあってそれだけでは存在しないが全体的連関を構成する本質的要素を指す。

(21) 形式論理〔英〕Formal logic　人間の思惟が正しい思考、判断、推論をするための原則を明らかにする学問。経験や事実の内容にはかかわらず、専ら思惟の形式のみを問題にする。いわゆる三段論法はこの典型的な推理方式で既知の判断を前提と称し、それから導き出される新しい判断を結論と称する。

(22) 形而上・形而下（けいじじょう・けいじか）　本来は形をもたぬものを形而上、有形のものを形而下と言うが、哲学上では感性的経験によってとらえられるものを形而下、とらえられぬものを形而上と称する。形而上の存在を研究する学問が形而上学（英 Metaphysics）である。

(23) 芸術至上主義〔英〕Art for art's sake〔芸

術のための芸術」と同義。人生のための芸術に対立する立場で、芸術は美を追求する営みであり、そのこと自体が独自の意義と価値を持つとし、芸術が他の目的に奉仕することを否定する。文芸思潮として具体的には耽美主義、悪魔主義がこれに当る。古典主義に反撥して起ったもの。

(24) 啓蒙〔英〕Enlightenment〔独〕Aufklärung 合理主義の立場から伝統や旧習を否定し、自由思想を広めようとする運動。十八世紀のヨーロッパで盛んに行われ、啓蒙時代と呼ばれる時期を造った。しかし広義には、民衆の無知蒙昧な状態をひらき、理性の光明を導き入れて、個人の自由をめざめさせようとするうごきを意味する。

(25) 啓蒙主義〔英〕Illuminism 十八世紀のヨーロッパに起った民衆の啓蒙を目指す立場。教会の権威や既成の伝統に反逆し、理性の働きを尊重する徹底した合理主義で、イギリスのロック、ヒューム等の経験主義に発し、フランスの百科全書派（ディドローなど）に受けつがれ、フランス革命の思想的な原動力の一となった。

(26) 功利主義〔英〕Utilitarianism「最大多数の最大幸福」をよしとする道徳説。ベンサムやミルに代表される倫理学上の立場。この場合の幸福は実は快楽であり、自己一人のみならず出来る限り多数の人が出来る限り多くの快楽を享受することを目的とする社会的快楽主義である。

(27) 合理主義〔英〕Rationalism 理性の絶対的な権能を認め、万物は理性の論理でもって理解することができるとする立場。

(28) 個人主義〔英〕Individualism 倫理道徳の上で個人の意義と価値を最高の存在と認める考え方。その内容からみて二種に分かつ。一つは国家社会の干渉を出来る限り少なくして個人の利己的競争を放任することを目指す利己的色彩の濃いもの、他は各人の個性の自由を強調し、その確立を目標にする個性主義の立場。個人主義に対立するのが個人の自由を制限しようとする全体主義である。

サ　行

(29) 史観・歴史観〔独〕Geschichtsauffassung　歴史の本質、意義、目的等に関する統一的な見方で、歴史哲学の基礎をなすもの。これを支える世界観の相違によって、唯心史観、唯物史観、宗教史観（キリスト教的世界観に基づく）等に分けられる。

(30) 自然主義〔英〕Naturalism　十九世紀の後半、テーヌの決定論やクロード・ベルナールの実験医学の影響によりフランスに起った文芸思潮。写実主義を継承するが、それを超えて、社会的人間的事実を自然科学的な方法で分析解剖し、それのもつ意味を見出そうとする。フローベル、ゾラ、モーパッサン等がこの代表的な作家。この派の人々は好んで人間社会の暗黒な面を掘り下げ、人間性のもつ高貴さや能動性を無視した為、十分な批判性を持ちながら、積極的な人間、社会の改造に想い至らず、絶望と懐疑に陥り、世紀末の芸術至上の立場にとってかわられた。しかし他方ではその批判性を継承して社会主義的な文学が芽生えた。日本でも日露戦争前後から、ゾラ、モーパッサンなどの影響で自然主義が起り、花袋、藤村、白鳥、秋声等の文学が生み出される。しかし日本の自然主義は次第に私小説への偏向を示すようになった。

(31) 写実主義〔英〕Realism　現実主義に同じ。理想主義、浪漫主義に対し、自然や人生等の事実をありのままに表現しようとする態度。

(32) 象徴〔英〕〔独〕Symbol　記号ないしは表現と同義に用いられる場合もあるが、厳密には、人間の表現方法を超えた存在を、何等かの意味でそれと一種の類似性をもつ具体物によって示す仕方を言う。

(33) 象徴主義〔英〕Symbolism　種々の象徴を組み合わせて、物体、性質、観念を表わそうとする方法あるいは主義を指す。文芸上では一八八〇年以降フランス、ベルギーを中心にして起った芸術運動で、写実的な表現方法をしりぞけ、言語の音楽性を駆使して微妙な情緒の世界を表わそうとした。極端な主観主義、個人主義の立場に立つものと見られ、マラルメ等は象徴派の詩人の代表的な存在である。

(34) 人格主義〔英〕Personalism　人格の自律性に価値をおき、自由意志を強調する立場で、功利性ないし本能充足の傾向を否定する。

(35) 人生のための芸術〔英〕Art for life　芸術のための芸術に対する言葉。芸術に人間の生き方やモラルを求めようとする立場で、人生に働きかける芸術を目指す。ヒューマニズム、リアリズムの精神に基づく芸術がこれに当る。

(36) 人道主義〔英〕Humanitarianism　ヒューマニズム（Humanism）と区別されずに用いられる。人間性の価値を認め、それを尊重する思想を意味し、個性の権威を重視すると同時に、人類全体の幸福を増すことを希い、したがって社会的な性格をもつ。近代における思想的特徴である。

(37) 新浪漫主義〔英〕Neo-Romanticism　十九世紀末自然主義に反抗して起った芸術至上主義に立つ芸術を言う。日本でも明治末期から大正にかけて「パンの会」を中心に、耽美主義、悪魔主義の傾向が起り、谷崎潤一郎、永井荷風等が活躍した。これ等をやはり新浪漫主義と総称する。

(38) 絶対主義〔英〕Absolutism　相対主義に対する概念。学問道徳芸術の上で、永遠性、普遍性を有する絶対の存在を認める立場。

タ　行

(39)　ディレッタント〔英〕Dilettante　芸術や学問を専門にせず、単に趣味として愛好する人。何事にも首をつっこみたがるなま物知りという軽蔑的な意味にも使う。

(40)　テーマ〔英〕Theme　主題、題材、作者のとり上げて描こうとする中心問題、思想内容を指す。素材と混同されるが、素材はテーマに具体的表現を与えるための適切な材料のことを言う。

ナ　行

(41)　二元論〔英〕Dualism　一元に帰することのできぬ相対立した原理を認める見解を言う。一、世界観の上で物質と精神の二原理を認める立場。二、現象界と本体界、地上の国と神の国、彼岸と此岸等、二つの世界をたてる見方、三、認識の二つの根源、形相と質料、形式と内容、悟性と感性等を認め、一方に帰することを許さぬ立場。以上何れも二元論と言われる。

(42)　ニヒリズム〔英〕Nihilism　虚無主義。自己が信じられず、他の一切のものを否定しようとする思想。十九世紀の半ばロシアに起った社会思想で、これが文学に影響し、人間の絶望や虚無感を描き、同時にそこからの脱出の道を求めようとする傾向となり、ツルゲーネフの「父と子」がその代表作と云われる。

ハ　行

(43)　非合理主義〔英〕Irrationalism　合理主義に反対し、世界や人生の根底に理性では解き難い原理が支配すると説く世界観。合理的思惟よりも神秘的直観を重んずる。

(44)　フィクション〔英〕Fiction　虚構、仮構。小説はすべて作家自身の人生体験に裏付けられているが、その体験が直接に表現されず、作家の想像力を通じて変形されて描かれる。その意味で小説は作りごとである。作家の個人的体験は特殊的なものであり、そのままでは多くの人の共感を呼び得ないし、その人生解釈はそのままでは概念的で他の人に興味を与えない。そこで作家は芸術的な創造力と想像力を働かせて、架空のしかも現実味を有する人物や事件をつくり上げて読者の心情に働きかける。そこにフィクションの意味がある。これに対し作り話でない記録文学、報告文学、手記等をノン・フィクションという。

(45) プロレタリア文学〔英〕Proletarian Literature　労働者農民の意識をもって、その生活を描いた階級文学。資本主義の打倒、プロレタリアートの支配という社会変革の過程に応じ、その目的に忠実であり、そのために働く人民に効果を与えることが重要視される。日本では大正末期から昭和にかけてその運動が盛んであった。現代の民主主義文学はその系統に立っている。

(46) 文化〔独〕Kultur〔英〕〔仏〕Culture　一般には人間の精神活動の産み出したもので、自然のままの状態では存在し得ぬもののすべてを言う。故に文化は自然と対立する概念であり、人間の理想とする価値の実現されたものと解釈される。また文明と対比して言われることもある。この場合は、文明が自然を征服する技術的なもの、実用的な生活上の価値の実現を意味するのに対し、文化はより深い精神的な価値の表現を意味する。

ラ　行

(47) 理想主義〔英〕Idealism〔仏〕Idéalisme〔独〕Idealismus　現実主義に対する語。現実よりもより高い理想の世界を追求する立場。ないしは日常の生活的価値を超えた理想的価値の実現に努力する立場。哲学上ではプラトンやカントの立場がこれに属する。理想を追う余り、非現実的な夢想に終始する場合も生ずる。文芸上では現実の再現を排し、人生の理想化を目的とするものがこれに当ると言える。

(48) ルネッサンス〔英〕Renaissance　文芸復興。イタリア語の「復活・再生」を意味することばに基づく。十四世紀末から十六世紀にかけてイタリアに起った文化運動に発し、学術・文芸・芸術上、ギリシャ・ローマの伝統に帰り、それらを復興すると共に、その人間解放の精神を活かそうとする。自然科学上の発明・発見、宗教改革運動がこれに伴って近代文化を形造る基盤となった。

(49) 浪漫主義・ロマンティシズム〔英〕Romanticism〔仏〕Romantisme〔独〕Romantik　十九世紀の初めドイツを中心に起った文芸思潮。古典主義の形式と規律の尊重、リアリズムの現実偏重に対し、主観情緒、空想に優位を認め、無限に憧れる。同時期に哲学上にもこの傾向が強まり、ノヴァーリス、ティーク等の文学に並んでシェリングやシュライエルマッヘル等の哲学が現われた。

ワ行

(50) 私小説（わたくししょうせつ）　自己の生活思想の告白を中心にした日本独自の小説形態で、イッヒ・ロマンと異り、必ずしも一人称で書かれない。自然主義の流れをくむ作家に多く、社会との対決を意識せずに、自己を掘り下げようとする傾向が強い。それ故身辺雑記的な性格を持ちやすく、度々批判の的になるが、現代にも後を絶たない。花袋・藤村の自伝的作品に源流をもち、直哉を始め、葛西善蔵、嘉村礒多などが代表的な作家と云われる。心境小説と同義で使われることもある。

問題解答

(1) （イ）行わない↓う、もっていない↓る、利用して↓ないで、でもあるのである↓はない　（ロ）（一）われわれは、古典の価値の偉大さを知っており、偉大な文化的遺産を継承して次代に伝えなければならないことを知っており、さらには古典の批判的享受から新しき古典たるべきものを創造しなければならないことをも知っている。そこから古典に対して重荷だという感じが生ずるのである。（二）人間は伝統や現実に規定されつつ逆にそれらを規定することが出来る。人は客体であると同時に主体なのである。だから人間は、伝統や古典を尊重しつつも、自由にこれらを批判し、評価し、取捨することが出来る。われわれに新しき創造の可能な理由がここにある。

(2) 真の独創は、他から学べば消えてしまうような貧弱な自己の特異性を固守する事ではなく、むしろ他から大いに学んで自己をはつらつと発展させてゆく独自にして自由な活動でなければならぬ。

(3) （イ）人間は慣性的・物質的存在である一面を捨てることができない存在であり、したがって不自由な、不道徳な一面をその本質の中にもつものだからである。（ロ）人間が、自由意志にもとづく道徳的行為の行為者であり得るからである。（ハ）すでに人間が道徳的自由の所有者である限り、彼が全体として進歩しないはずはないからである。
(4) 伝統を正しく受けつつ伝統を越えた新しい存在を創らねばならぬ。伝統無視・伝統墨守はともに誤れる態度である。
(5) 問一、「……表徴だとも言える。」もとより何に悩むか…… 問二、精神生活を持つ限り、すべての人が悩んでいる。人間性は苦悩にうつされる。問三、人間は誰しも精神生活を持つ以上、それに徹して生きようとすれば、境遇の如何に拘らず内面的な苦悩を感ぜざるを得ない。それは生きている以上尽きることがない故に、悩みを持つこと即ち生きていることになる。問四、人は自己の苦悩を克服し得たとき、人には知られぬ深い喜びに浸ることができる。故に「苦悩にうつされる」人間は、喜びによっても表現される。
(6) 問一、人生のせせこましさに対して、とどおりなく束縛なく無限に流れ来たり流れ去る自由な自然の相を讃美する。問二、B社会や国家の慣習・規約 Cいろいろの意味における我欲 問三、D学校に通って勉強すること。それはたしかにわれわれの生活を束縛するけれど、勉学を喜ぶものにとっては、少しも束縛とは感じられない。問四、第一段では自由は束縛のないことだと前提し、第二段ではその束縛は内面的なものだと解説した後、第三段では、その内的束縛を絶つためには自己を捨ててそのものになること、すなわち愛こそ自由の基盤だと結論してゆく。
(7) (一)
(8) 「此岸的なものを」→彼、「彼岸的な、あるいは」→此、「外在的なものとして」→内、「人間の外にあるもの」→内
(9) (イ) 例えば人間の苦悩を救い地上に神の国を現じようとして始められ、支持されたキ

リスト教が、中世にいたると封建的勢力の中心に坐して、人間の自由を強く束縛した如きである。（ロ）解放を要求すること（ハ）資本主義の行きづまりから社会主義が大きく擡頭し、それの修正・改造を目指しつつあるのが現代社会情勢であるという意味。

(10)（イ）若き世代への期待（ロ）現代の根本問題である新しき人間性の創造をなし得るのは、心の柔軟性に富んだ若い世代のみであって、過去において一切の不合理や圧制に抵抗せず、易々としてこれに屈伏し、考え方の固定した古い世代には期待をかけられないのである。

(11) 問一、④ 問二、言葉は本来根底にそれによって表わされる実体をもっているが、この実体から言葉がきり離されて死んだものになっているという有様を意味している。　問三、根をきりはなされた言葉　問四、死んだ言葉の堆積から精神を救いだす作業

(12) 1、×イ、○ロ、×ハ、○ニ、○ホ　2、江戸時代　3、方丈記（鴨長明）、徒然草（吉田兼好）、山家集（西行）

(13) 九、六、一三、四、一〇、一二、七、八、二、三

(14) ①、④、⑥

(15)（1）D（2）A（3）C（4）C（5）E

(16)（1）（イ）真実の「美」（ロ）思考せず直観的に（ハ）人情に通じ世事に明るく人事の迂余曲折を知りぬいたことで、人生の意味をすっかり悟ったとするような、程度の低い悟りに陥ってまじめくさっている。（2）（ニ）人生の経験を積み、人情や世事に明るいこと（ホ）それらが人生を豊かにし、人を健康にする場合

(17) 問一、科学者、差別、自然現象、表現、実用的、顧慮、芸術家、肝胆、会心、真　問二、

芸術である(ない)、求めやうとしない(する)、試みない(る)、多く(少)、機会がなかったら(あ)、問三、扱ふ(う)、見出さう(そ)、多様であらう(ろ)、求めやう(よ)、このやう(よ)、突き止めやう(よ)、試みないであらう(ろ)、躊躇しないであらう(ろ) 問四、(イ)どちらも創作を生命とする。 (ロ) 自然事象の未知未発のものを見出し、それらに対する新しい見解や表現を見出すことに努める。 (ハ)新しい事実を発見したとき、実用的価値や世間の迫害、愚弄、反感などを顧慮せず、その真の追求、表現を目ざす。

⑱ a、c、e、g――(1) b、f、i、k――(2) d、h、j、l――(3)

⑲ 1、孔子が易を熟読し、その革のとじ紐が三度も切れたという故事に基づく語で、読書にきわめて熱心である様を言う。 2、カント 3、易、純粋理性批判 4、その書に精通し、内容をすっかり自分のものとして身につけ、さらにそれを超えるための確実な根拠を得ることができるからである。 5、本原的精神に富んだ書物は古典として長く生き残る。

⑳ A◯ B◯ Cイ Dホ

㉑ ×1、×2、◯3、×4、×5

㉒ 1、社会、生くべき、技巧、文学、和歌 2、A私小説 B例えば西行が世事に思いを絶って出家遁世し、妻子を捨てて諸国を放浪しつつ、自然にふれてそれを風雅な歌に読み、「山家集」を残したことなどをいう。 C川端康成・千羽鶴 D心理描写 E抒情性の拒否(社会性の自覚)

㉓ 1、平家物語と源平盛衰記との宇治川の先陣の場面の表現において、前者の方が簡潔で底光がしている様な美しさを持っている点で後者よりもはるかにすぐれている。 2、頼朝の持っていた名馬で、宇治川の合戦のとき、佐々

木四郎に与えた。　3、名歌、平家、子規、頼朝、四郎　4、宇治川先陣の功を立てなかったならば、おめおめと生きてはおるまいと頼朝に誓った佐々木四郎の決意をその乗馬の生食も知っているのだなあ、ひたすら勇み立っているよ。

(24)　1思想、2人間、3思想、4人間、5人間、6思想、7思想、8人間、9思想、10人間、11人間、12思想、13人間、14思想、15人間、16思想

(25)　(3)—5回

(26)　(A)二九歳ごろ　(B)南側。「大阪から例の瀬戸内通いの汽船に乗って……内海を航した……船がある小さな島を右舷に見て、その磯から十町とは離れないところを通るので」(C)(へ)

(27)　問一、「おっかさんはなんにも言わないけれども、どこかにこわいところがある。」　問二、水にとけて流れかかった字体を、きっとなってやっともとの形に返したような　問三、A×　B○　C○　問四、A○　D○

(28)　(1)リとヌ　(2)ニ、ト、チ　(3)ニとホ、トとチ　(4)ニ

(29)　1(チ)　2(ヘ)　3(ト)　4(ホ)　5(ロ)　6(ハ)　7(ニ)　8(イ)

(30)　(1)ロ、ニ、イ、ハ　(2)A〔ところで〕B〔しかるに〕C〔そうして〕　(3)何等の人らしい表情をも固定的に現わしていない。

(31)　4、1、6、3、9、5、2、10、8、7

(32)　1、人生の真の描写、現実の凝視、人生の醜の剔抉　2、人間生活のみにくい、本能的場面を特に暴露する傾向を示した。　3、ことさらに人生の醜を見せつけられ、理想に向って努力しようとする気持をくじかれるから。

(33)　省略

(34)　(一)1B、2A、3B　(二)(イ)「あ

る作家が、どのようにしてある作品を書きあげたか」(ロ)「文学」(ハ)「それ(文学)を科学的に研究すること」(ニ)「われわれ自身の感性的存在が、われわれ自身の知的活動によって消滅すること」

(35) 一、③　二、①

(36) 1現実、真実、現実、真実、真実、現実　2第一段——第二行第三十六字まで、第二段——第五行第十四字まで、第三段——第八行第十三字まで、第四段——第九行終りまで　3、イ痛切——甘さ、ロ豹変——平衡、ハ複雑——簡単　4、ロ　5、省略

(37) 5

(38) 1、㋩　2、読書ということは、自己の生活体験を基礎においてはじめて本当の価値を持つ。　3、読書は吾々の思索と体験を補うことは出来るが、直接それに代ることは出来ない。そこに読書の限界がある。

(39) (一)(1)耕す　(2)開発　(3)確かに　(4)健全　(5)中　(二)なる(らない)であろう、表現されない(る)、容易だと言えない(る)、人生のやさ(むずか)しさ

(40) 6 4 10 8 12 1 14 3 9 15

(41) 1、㋩　2、A理性の増強と知識の増加、B感動しうる心と常に新しい経験を作りだす構想力　3a

(42) 「若人達の……いわれないものである」「彼等は……学ばねばならないのである」「しかし……問題があらわれて来る」「それ故に……一体化しなければならない」「かくして……使命が達成せられるのである」

(43) ①2×③4×5×6×⑦

(44) (A)自然的批評②④⑨　(B)専門的批評③⑥⑦⑩　(C)作家的批評①⑤⑧

(45) ①②△3△4△5⑥△7⑧⑨

(46) 1、イ時期が学生時代であること　ロ自

覚した学生であること　ハ豊かな情操を持ち合わせること　ニ全自我を裸でさらけ出すこと　2、莫逆の友　3、イちくばのとも（幼少年時代の友）　ロばくぎゃくのとも（極めて親しい友）　4、イ観照、　ロ感情、　ハ価値、　ニ感情、　ホ価値

(47)　問（い）③　問（ろ）④　問（は）②　問（に）正しいことを主張する自分という人間がいること　問（ほ）③または①

(48)　一、㋩　二、ⒷⒻⒼ　三、人の悪い支考の顔に、ちらりと閃いた苦笑を見ると

(49)　1㋩　2イ、工場街のセッツルメント――埃っぽくごみごみしていて工場の騒音がやかましく煤煙が渦巻いている。　ロ、英仏の代表画家の作品の並んだ画廊の内部――興味と嘆称と芸術的意欲をそそる、芸術的で静寂な環境である。　ハ、画廊の外――夕刻の外気の中に木立や青銅の円屋根が浮かび、葡萄色の空と雲がその上にひろがっている、趣深い印象的な情景。　3イ、作品そのものの鑑賞によってその価値を見出す。　ロ、作品の背景や作者の生活などを考えることによって総合的に作品の価値を見出す。　4イ、二十歳代――「しかもマリが自分と同じ年までしか生きなかった婦人であり」　ロ、絵画や文学を愛好している――「これまで写真版で想像したり、名前を聞いたりしていた画家達の原作を見せてくれる点だけでも、貴重な観物であった」「愛読書にしている彼女の手記」　ハ、貧弱で見すぼらしい――「セッツルメントの埃っぽい窓」「それにくらべてどんなに貧弱なみすぼらしい生活をしか自分が持っていないかを……」　ニ、感受性が強く反省的――「画の価値以外になつかしい興味であった」「発奮と嘆称が、画を通じて湧いていた」

(50)　一、ハ　二、（ハ）（イ）（ニ）（ロ）　三、雪の色はそこまで行かぬうちに闇に呑まれてい

た。　四、説明的でなく描写の印象が鮮明に浮かぶ。

(51) 1、B　2、B　3、B　4、A　5、A　6、A　7、A　8、B　9、a、いえる　b、いえる

(52) (一) 生活に追われてかならずしも節を守り得ず俗塵に汚れてしまっているので。
(二) 庭先の破れがめに来て黄金褐のこさめびたきが、天の羽衣のすがしさになお水そそぐ水浴のさまのうるわしさに感動したため。　(三) わが身はさすらいの身で心も定まらないが、十年信をかえずにわが寒庭を訪ねる小鳥の姿に支えられて、今日一日は自分もわが節を守っていられるのだ。　(四) (イ) 地下の良友の追憶のため。　(ロ) 庭先に水浴する美しく信あるこさめびたきのため。　(ハ) こさめびたきに刺激されてわが道を守り得た日の自分のため。

(53) 問一、詩人の妻　問二、本来なら新婚早々に連れて来て見せるべきであったこの故郷
問三、詩人とその妻の子

(54) (一) ぼたん　(二) A [1]　B [3]　C [2]　(三) A静寂　B豪華　C感謝

あとがき

　はじめに、私には一つの態度があった。その態度が入試現代文に対して誤たぬものであることを、私は私の経験によって確信した。それがこの本の生まれる最初の契機であった。今、やっと一応書き終えて、最初の確信を改める必要を感じないですんだことは私の何よりの喜びである。しかし、入試現代文に実際に直面しつつ私の考えた方法を説くことは、かなり骨の折れる仕事であった。正直に、こういうものはこれ一冊でもう書くつもりはない。受験生諸君に本当に役立つものを書く気持で終始したのであるが、果してどんな効果があるであろうか。ただ、この本をよみこなし得たとしたら、そのことが何よりも読者の現代文読解力の優秀さを保証するであろうとは言えると思う。

　成城学園の遠藤祐君の援助が無かったら、恐らく一本を成し得なかったにちがいない。終りに当って同君に厚く感謝する。

　　昭和三十年三月　　　　　　　　　　著　者

解説

安藤　宏

教養主義の持つ魅力

　本書は昭和二五年（一九五〇）〜二九年の「現代文」の大学入試問題を対象にした受験参考書である。高田瑞穂には同様の書として、古典的な名著でもある『新釈　現代文』（一九五九年、新塔社→二〇〇九年、ちくま学芸文庫）があるが、本書はその先駆けを成す存在である。すでに現物は入手が極めて難しく、閲覧できる図書館もごく限られているようだ。

　刊行されたのは昭和三〇年（一九五五）なので、本書を当時繙《ひもと》いていた受験生は、すでにかなりご高齢の方々（少なくとも八〇代以上の方）ということになる。つまり大半の読者にとってはもはや歴史的存在になりつつあるわけで、あらかじめことわっておかなければならないが、本書を今日の受験勉強に役立てることには当然、無理があるだろう。ではすでに完全に過去の遺物になってしまったのかといえば、決してそのようなことはない。少なくとも私は今回この書を繙いてみて、少なからぬカルチャーショックを受けた。教科としての「現代文」とはそもそもいかなる成り立ちを持ち、これを学ぶことにどのような意義があるのか――少なくともかつてそれがどのように考えられていたのか――について、あらためて、しみじみと考えさせられたのである。

まず驚いたのは、本書の〝敷居の高さ〟である。問題文の説明の中には〈この程度ののが困難である間は、読者の現代文に関する力は未だ弱いと言わなくてはならない〉（七八頁）とか、〈このくらいの知識は、大学受験生たるものにとっての常識であることが知られるはずである〉（一五八頁）などなど、受験生が思わず身を引いてしまうような、恐ろしい文言が登場する。だが、これはこれで一つの〝見識〟というべきで、本書には読者におもねるようなところがいささかもない。背後に流れているのは大正期以来の伝統的な教養主義で、〈何の準備もせず、問題用紙を前にし、問題文を読んでから考えるというような無計画さでは、とても十分な答を書き得る望みはあるまい。やはり普段から、たえず関心を持って種々の著書に接し、豊かな教養を身につけておくことが大切である〉（一二五頁）、〈現代文の学習は決して受験という特殊の枠のなかでだけ行われていいものではない。諸君が絶えず自己に問題を持ち、それを解決しようとして多くの人の著書に真剣にぶつかっていくとき、知らず知らずのうちに学習が行われていくのだということを悟ってほしいと思う〉（一二九頁）といった一節などにも、単なる解法テクニックの習得ではなく、むしろそれを通してトータルな人格形成がめざされるべきである、という思想が一貫しているのである。本書の巻末に「現代文に対する興味と理解力とを増すために特に読むべき十冊の書」が付されているのもそのためだ。

人格の陶冶《とうや》、という発想（これこそは大正期教養主義のキーワードでもある）の背後にあるのは自由主義的なヒューマニズムであり、さらに言えば「近代的自我」への確固たる信念である。一九八〇年代以降、人文学では、「人格」「自我」「個性」といった概念を先験的な実体として絶対視する「近代的自我史観」を批判的に相対化する動きがいっせいに起こったこともあり、今日のわれわれから見たとき、本書の〝近代主義〟は、いかにも時代遅れに見えてしまう。ヨーロッパの歴史に比し、日本は封建的な要素の残滓《ざんし》のために「近代的自我」の確立が妨げられてしまった、という歴史観――西洋を鏡に日本の性急でいびつな近代を批判するという〝近代主義〟――も、すでにそれ自体が歴史的産物と化しつつあると言ってよい。しかしそれらを差し引いた上でもなおかつ、受験勉強に徹底した自己修練を求める本書の姿勢には、何か不可思議な吸引力が感じられるのだ。

著者の高田瑞穂は明治四三年（一九一〇）年生まれ。昭和三年に旧制静岡高等学校に入学し、三年後、東京帝国大学文学部国文学科に入学、さらに大学院時代、専攻を国文学から哲学に変更している。世代的には大正期教養主義の空気を知る、旧制高等学校スピリットの体現者でもあったわけだ。人文科学・社会科学・自然科学をまたがるオールラウンドな教養を培うエリート教育が、まだ日本でしっかり機能していた時代である。戦後の新制の高校生に同じものを要求するのはいくら何でも酷だろう、と内心思いつつも、本書の妥協のない姿勢にはどこかしらケレン味のようなものがあって、〈自己の内面を深く耕すこととは別に、入試合格の便法があると考えるものは、この本に就くべきではない〉（一四頁）という妥協なきポリシーには、現代の教育がついつい置き忘れてしまいがちな、リベラル・アーツの精神が横溢《おういつ》しているように思われるのである。

「文化」としての大学入試

本書の特徴は、「筆者の立場」「出題者の立場」「受験生の立場」の三者の関係を踏まえながら受験問題に取り組むことの重要性を説いている点にある。たとえば高田は出題者と受験者との関係について次のように述べている。

受験者の求められているものは、決して特異な感受性や固有の感覚やではないのである。問題文に即して、万人の感得出来るはずの特定の享受が可能であるかどうか——これが出題者の立場なのである。したがってその正しい解決は受験者の感受性よりもむしろ判断力により多く依存すると考えなくてはならない。（一五一—一五二頁）

実はここには奥深い問題が隠されていて、受験者は筆者の主張を読み取ると同時に、出題者が解釈の「正しさ」をどのように捉えているか、という〝解釈〟をも同時に求められている。文章の著者の意図と、出題した側の意図とをすり合わせながら回答しなければならならぬのが入試の宿命なのだ。当然そこには笑えない要素があって、出題者の理解が偏《へん》頗《ぱ》であったり、出題技術の劣る問題に遭遇した受験生は悲惨であろう。合否を決定する権力は大学にあり、受験生に入試問題を批判することは許されない。正直に言うと、本書に紹介されている入試問題は、かつてそのような時代があったのか、とため息がでるほど素朴（稚拙？）な出題もあり、本書にはあえてそのような例題も示されている。それを乗り越えていくようなしたたかな学力をこそ身につけて欲しい、というのが高田の主張なのだろう。最後に勝つのは受験生自身の「教養」なのだ、という信念がやはりここでも一貫している。

実は受験生を試すと同時に試されているのは大学の側なのであって、そもそも入学試験というものは、どのような学力を入学者に求めるのか、というその大学のポリシーを公に発信する場なのであり、その意味では大学自身の社会的な「顔」でもある。どのような意図で出題文を選択し、そのメッセージをどう受け止めてくれることを期待しているのか、という点に出題する側の見識が問われているのだ。今日、入試を共通試験に丸投げしてしまったり、作成を業者に委託したりするなど、そのあたりの〝見識〟がかなりあやしい事態になりつつあるようである。教員の業務が多くなりすぎて入試どころではない、などといった話も仄聞《そくぶん》するが、私はある意味ではこれは現代日本の文化――著者と出題者と受験生が相互に綱引きし、三位一体になって創り上げていく文化――の危機なのではないかと思う。

今日、一八歳人口が漸減するのに伴い、一部の難関大学を除いて「大学入試」そのものの敷居が低くなりつつある。しかし存続の危機にあるからこそ、大学は入試という「顔」を通して独自に社会的なメッセージを発信していかなければならないのではあるまいか。その意味でも、本書に選ばれた論説文自体はどれも骨のあるもので、たしかに歴史的な賞味期限は過ぎているかもしれないが、「文化としての入学試験」の、その原点を示してくれているように思うのだ。

「鑑賞」と「批評」をめぐって

本書のもう一つの特徴は、「鑑賞」と「批評」をめぐる芸術享受の課題が、入試問題を通して問題提起されている点にある。まず受験生は問題文の読解にあたって主観的判断を厳に慎み、〈作者や作中人物の思想なり感情なりを誤りなくとらえる〉（四四頁）態度が求められる。〈理解において薄弱で、批判において多弁であることは最も危険である〉（四五頁）とは、入試に限らず、人生に処する態度としても名言であろう。これに関連して、稲富栄次郎の評論を読み解く文脈で、「他を読む（筆者の立場になりきってみる）」↓「我れを読む（筆者の主張を自分なりに批判的に吟味する）」→「自他合一（双方の立場が融合した境地に達する）」こそが理想の現代文理解であると説かれている点に注目したい（第二部（18））。まず実はこれは単に入試に限らず、芸術一般の享受に求められる基本的な態度でもある。まずおのれを「無」にして虚心坦懐に対象に向き合い、次にこれを自身の生きる糧として血肉化し、それを通して対象に宿っている普遍的価値が浮き彫りにされていくということ。その意味では、少々大袈裟に言えば、受験問題に取り組む修練は芸術を享受する姿勢とパラレルでもあるわけだ。文学をはじめとする芸術作品は、決して伝統文化の理解や情操教育の手立てとしてのみあるわけではない。それは自己とは異質な他者の存在を論理的手続きによって了解していくための、きわめて重要な手立てなのである。現行の文科省の高校国語の指導要領（平成三〇年告示）では、文章を「論理」「実用」「文学」の三種に区分し、「論理国語」では「論理」と「実用」を、「文学国語」では「文学」を学習する、という形がとられている。だが、それらは本来決して分離出来ないはずのものなのであって、「文学」を「論理」的に理解することこそが、あるいはまた「論理」を「文学」的に理解することこそが他者理解に通じる唯一の道なのである。

本書が分析の対象としているのは昭和二五年〜二九年の受験問題だが、いわゆる現代文の文章のジャンルに、圧倒的に文学作品、あるいは文学者の書いた評論文が多いことにあらためて驚かされる。だが、右の事情に照らせばその理由は明白なのであって、社会に立ち向かうことと、文章を読解することと、芸術作品に向き合うこととは、本来別のことではないのだ。

「文学主義」の帰趨

明治以降のいわゆる近現代文学が日本文学研究の一ジャンルとして本格的に認知されるようになったのは比較的歴史が浅く、大正末期あたりからである。東京帝国大学の国文学研究室が学術誌『国語と国文学』を創刊したのは大正一三年（一九二四）だが、創刊当初のこの雑誌を繙いてみると、近代文学研究と旧制中学を中心とする国語教育の改革とが密接なつながりを持っていたことにあらためて驚かされる。明治末から一般化した言文一致の小説をあらたに教室の国語教材として取り上げる動きがこの頃から急速に一般化していくのだが、注釈的な読み解きが中心であった古典に対し、現代文ではその思想的内容や論理構成の読解が中心となるため、そのための方法論として、あらためて近現代文学研究が推進されるようになっていくのである。

たとえば『国語と国文学』第五巻（昭3）三号では「高等諸学校入学試験研究号」を特集し、第七巻（昭5）一号では湯地孝が大正一四年から五年分の全国の高等専門学校の試験問題一千題の分析を行っている。湯地は当初から国語教育のエキスパートであったわけではなく、その本拠地はあくまでも近代文学の研究であった。高田瑞穂が国文科を卒業するのは昭和九年なのだが、高田はまさしくこうした空気――現代文をいかに教えるかという課題と現代文学研究とは不可分の関係にあるという気運――の中で自己形成をしていった文学研究者なのである。大正期教養主義の伝統と、近代文学研究草創期の教育現場との深いつながりと――戦中、戦後の悪気流を乗り越え、昭和三〇年代になって、これらを戦後民主主義の申し子である高校生たちに受け伝えたところにこそ、高田の歴史的な使命と役割があったとみてよいだろう。

ただし一方で、われわれはそこにある種の歴史的限界をも見ておかなければならない。文章を論理的に読み解くことと芸術を享受することとは密接な関係がある、という信念はすぐれて今日的な、正当なものだと思うのだが、本書がすでに歴史的な産物でもある「文学主義」に傾斜している事実もまた否定しがたいのである。今日「文学」は、広く社会にかかわるトータルな概念として、同時代の社会や文化との関係を学際的に捉え直す方向に進んでいるが、「文学」「芸術」の享受は「人格」の錬磨に通じるはずである、ということへの過度な思い込みから、やはり狭義の言語芸術である「文学」への思い入れが前景化しているように思う。私がもっとも不幸な事態だと思うのは、その後こうした「文学主義」への反省が、現在に至る教育論議の中で、現代文で「文学教材」を重視するかしないか、という不毛な対立（?）のきっかけを作ってしまい、それが先に述べた指導要領の発想――現代文を「文学国語」と「論理国語」に分けて考えるような発想――を生むに至ってしまっている、という事態である。おそらく高田瑞穂が健在であったならば、「論理」と「文学」とを別物のように考える現在の状況をこそ批判したに違いないと思うのだが、その点が残念でならない。

未曾有《みぞう》の情報化社会の中で、われわれは個々の情報のバイアスを自身の目で見極め、批判していく力を見失いがちである。こうした状況だからこそ、あらためて高田瑞穂のこの書から、歴史的なマイナスを差し引いた上で、普遍的な現代文の課題――「他を読む」→「我れを読む」→「自他合一」――という精神に立ち返る必要があるのではないかと思う。

（あんどう・ひろし　日本近代文学）

ちくま学芸文庫

現代文《げんだいぶん》の学《まな》び方《かた》

二〇二五年五月十日　第一刷発行

著　者　高田瑞穂（たかだ・みずほ）

発行者　増田健史
発行所　株式会社　筑摩書房
東京都台東区蔵前二―五―三　〒一一一―八七五五
電話番号　〇三―五六八七―二六〇一（代表）
装幀者　安野光雅
印刷所　信毎書籍印刷株式会社
製本所　株式会社積信堂

ISBN978-4-480-51300-7 C0195